Peter Allmend
Elision

Peter Allmend

Elision

Begegnung
mit einer Weisen

Aquamarin Verlag

ISBN 978-3-89427-625-6
Deutsche Originalausgabe

3. Auflage 2014

© Aquamarin Verlag GmbH
Voglherd 1 • D-85567 Grafing
www.aquamarin-verlag.de

Alle Rechte vorbehalten
Umschlaggestaltung: Annette Wagner

Illustrationen: Sascha Wuillemet

Druck: C.H. Beck • Nördlingen

Inhalt

Wie es begann 9

Über die Anfänge 17

Über die Verwandlung 21

Über die Kreativität 25

Über die Natur 29

Über den Glauben 33

Über den Zweifel 37

Über die Erde 39

Über Licht und Schatten 41

Über die Freiheit 47

Über die geistigen Gesetze 51

Über den Stolz 55

Über die Demut 59

Über die Angst 63

Über die Vergebung 69

Über die Stille 73

Über die Gnade 79

Über die Weiblichkeit 83

Über das Vergleichen 87
Über das Mitgefühl 91
Über die Dankbarkeit 95
Über Askese und Genuss 99
Über den Tod 103
Über die Blumen 107
Über die Tiere 113
Über den Mut 117
Über die Treue 121
Über die Rechthaberei 125
Über den Zorn 129
Über die Hoffnung 133
Über das Glück 137
Über das Erwachen 143
Über die Liebe 147
Wie es endete 155

Mit Illustrationen von

Sascha Wuillemet

Wie es begann

Die Frühlingsstürme waren im Berner Oberland in diesem Jahr heftiger ausgefallen als gewöhnlich. Auf dem kleinen Wanderweg, der am Ortsrand von Mürren steil bergauf zum Mittelberg führte, lagen selbst im Juni noch abgebrochene oder umgestürzte Bäume. An einer Stelle war der Weg von einem Erdrutsch vollständig mit in die Tiefe gerissen worden. Zur Überbrückung hatte man drei lange Holzplanken in den Waldboden gepresst und notdürftig befestigt. Nach einem Regenschauer war es angeraten, bei ihrer Überquerung Achtsamkeit walten zu lassen.

Wer den halbstündigen Aufstieg von Mürren aus nicht scheute, wurde belohnt mit einem der grandiosesten Ausblicke des gesamten Alpenraumes. Auf der gegenüberliegenden Bergseite reiht sich ein Viertausender an den nächsten, mit dem majestätischen Dreigestirn von Eiger, Mönch und Jungfrau in der Mitte. Ich war gefesselt von der Schönheit der Natur und ahnte nicht, dass die nächsten Tage mein Leben vollständig verändern sollten.

Jedes Mal, wenn ich von Zürich hier herauf kam, um der umtriebigen Geschäftigkeit meiner Kanzlei zu entkommen, war es wie das Betreten einer sakralen Landschaft.

An diesem Junitag roch der Wald nach feuchtem Holz, was bei den vielen auf dem Boden liegenden Fichten nicht verwundern konnte. Dazwischen leuchteten zahllose Blumen, die den Bergfrühling mit ihrer wunderbaren Farbenpracht verzierten. Auf dem Mittelberg selbst kamen dann noch die saphirblauen Enziankelche dazu, die sich den noch spärlichen Sonnenstrahlen zu öffnen begannen.

Wenn man auf das Hochplateau des Mittelbergs hinaustritt, erblickt man zwei kleine Holzhütten, die offensichtlich für die Almwirtschaft genutzt werden. Vor der vorderen stehen zwei einfache Holzbänke, die zum Verweilen einladen, um den atemberaubenden Ausblick mit allen Seelenfasern aufzunehmen.

An diesem Vormittag zogen immer wieder Wolkenfelder an den schneebedeckten Gipfeln vorbei, die sich manchmal bis zum Mittelberg herabsenkten. Die Wiesen glänzten taufeucht und verströmten Lebenskraft in vollkommenem Grün. Ein Kuckuck rief in der Ferne, ansonsten lag heilsame Stille über der Landschaft. Niemand war zu sehen.

Umso heftiger schreckte ich aus meiner vermeintlichen Einsamkeit auf, als plötzlich eine sanfte Stimme mich mit einem vertrauten »Grüß dich, Peter« begrüßte, sich neben mich setzte und eine Hand auf meinen Arm legte. Die Frau musste, ohne dass ich sie bemerkt hatte, aus der Tür getreten sein und die drei Schritte um die Hausecke hin zu meiner Bank gemacht haben. Sie mochte etwa fünfzig Jahre alt sein, doch ließ ihr fast klassisch schön zu nennendes Gesicht keine genaue Schätzung zu. Dunkelbraunes Haar fiel ihr auf die Schultern, die von einem grauen Schal bedeckt waren. Sie trug ein einfaches weißes Kleid, das fast bis zu den Füßen herabfiel.

Nachdem ich mich von meinem Schreck erholt hatte, wollte ich mich für mein Eindringen in ihren Wohnbereich entschuldigen und von der Bank aufstehen. Doch sie verstärkte den Druck auf meinen Arm und begann zu mir zu sprechen.

»Du wunderst dich, Peter Allmend, hier jemanden anzutreffen, der dich noch dazu zu kennen scheint. Das ist natürlich vollkommen verständlich, doch solltest du mit deinem geistigen Wissen nicht völlig überrascht sein. Du weißt von den älteren Brüdern und Schwestern und ihrer Aufgabe, die geistige Entwicklung der Erdengeschwister zu fördern.

Wir beobachten seit langem deine Arbeit und wissen, dass du in die Berge gefahren bist, um an einem Buch zu schreiben. Nun ist mir die Aufgabe zugefallen, dich dabei zu unterstützen. Der Grund dafür liegt darin, dass uns ein altes Band aus fernen Tagen verbindet.«

Die fremde Frau war offensichtlich mit meinem Leben gut vertraut. In der Tat befasste ich mich neben meiner

Arbeit für die Industrie seit vielen Jahren mit spirituellen Themen, und die Vorstellung von »Meistern« oder »Erleuchteten« war mir durchaus bekannt. Nur hatte es, was ich ehrlich zugeben musste, außerhalb meines Vorstellungsvermögens gelegen, einem solchen Wesen einmal selbst zu begegnen. Und nun sollte diese wie aus dem Nichts aufgetauchte Dame mir bei der Arbeit an meinem Buch helfen? Mir schoss eine Reihe von Fragen durch den Kopf, die Antwort erhalten sollten, bevor ich sie nur aussprechen konnte.

»Wie du weißt, können wir in unserer Welt eure Gedanken, Ziele und Absichten mit gleicher Klarheit erkennen, wie du mich hier vor dir siehst. Eure Zeit- und Raum-Vorstellungen sind in einer höheren Welt aufgehoben.

Deine Absichten sind lauter, und du verfolgst keine kommerziellen Interessen, indem du das verzweifelte Suchen der Menschen nach Wahrheit und LICHT missbrauchst und ihnen Steine statt Brot reichst. Es geht dir nicht um deinen Erfolg, sondern du möchtest das, was du in vielen Jahren des Studierens und Prüfens als wahr erkannt hast, mit deinen Erdengeschwistern teilen. Dieses Trachten ist in unserer Welt nicht unerkannt geblieben. Daher durfte ich zu dir kommen, um dein Erkennen zu vertiefen und zu erweitern, zum Segen für jene, die deine Worte lesen werden.«

Ich blickte diese außergewöhnliche Frau, die ich erst wenige Minuten kannte, mit größtem Erstaunen an und musste nun unbedingt die naheliegendste Frage stellen: »Aber wer sind Sie?«

Das ganz leichte Lächeln, welches ihre so schönen Gesichtszüge zu umspielen schien, glich wohl jenem einer Mutter, deren Kind gerade die klassische Frage nach dem Woher und Warum gestellt hatte.

»Wir kennen uns schon sehr lange, nur deine jetzige Erdenpersönlichkeit hat mich noch nie gesehen. Du kannst mich Elision nennen. Wenngleich dies nicht mein wahrer geistiger Name ist, so bringt seine Schwingung dich dennoch sofort in Verbindung mit mir, sobald du ihn denkst oder aussprichst. Doch ist diese Form oder dieser Name nicht von besonderer Bedeutung. Unser Zusammentreffen dient allein jener Aufgabe, die gemeinsam zu erfüllen wir uns verpflichtet haben – und dies schon in längst verflossenen Zeitaltern.

Halte das Bild von der Frau, die jetzt neben dir sitzt, nicht fest, es ist nur eine Hülle.«

Mit diesen Worten begann die Hand auf meinem rechten Arm zu funkeln und verwandelte sich in goldenes Licht. Die rechte Seite Elisions schien sich in dieses Licht aufzulösen, während die andere Hälfte noch immer wie ein normaler Erdenmensch aussah. Nach einigen Augenblicken führte sie anscheinend wieder eine dichtere Energie in ihren Körper und nahm erneut ihre vollständige irdische Form an.

»Mehr ist nicht nötig zu wissen, Peter. Wir sollten mit der Arbeit beginnen.«

Über die Anfänge

Die Wolken hatten sich in höhere Gefilde zurückgezogen. Die Nordwand des Eigers tauchte in ihrer erschreckenden Schroffheit aus dem weißen Dunst auf, nur Mönch und Jungfrau setzten ihr Versteckspiel noch eine Weile fort. Zwischen Eis und Schnee, zwischen Felsen und Wiesen, begann Elision über die großen Fragen des Lebens zu sprechen.

»Du blickst auf die majestätische Landschaft, die sich in ihrer einzigartigen Schönheit vor unseren Augen offenbart. Und du empfindest Ehrfurcht, Dankbarkeit und Demut. Keines Menschen Hand vermöchte zu erschaffen, was die Natur hier vollbrachte. Allein dieses ehrfürchtige, demütige Staunen versetzt dich in die

Lage, die Herrlichkeit der Schöpfung mit den Augen des Geistes zu erschauen. Blicktest du nur mit den Augen des Körpers, du sähest nur Gestein und Gras.

Wer das LEBEN verstehen will, wird nur dann zu einem wahren Erkennen gelangen, wenn er die äußeren Augen verschließt und alle Teleskope und Mikroskope zur Seite stellt.

Die Menschen suchen nach dem Anfang des Universums. Sie forschen, schauen ins Weltall, berechnen und lauschen auf ferne Töne. Sie stellen Theorien auf, legen Zahlen fest – und verändern diese nach einigen Jahren wieder. Wem sollen diese Zahlen und Theorien dienen? Haben sie jemals eine Menschenseele zur Erkenntnis des EINEN gebracht? Spürten diese Forscher jemals den Hauch des BAUMEISTERS ALLER WELTEN bei ihren Rechenaufgaben?

Die Weisesten in unseren Reichen vermögen mit den Augen des Geistes in Reiche zu schauen, von denen kein Erdenwesen je gehört und die kein irdisches Auge je erblicken wird. Welten von unsagbarer Schönheit und Herrlichkeit. Erschaffen von Wesen, die zu beschreiben ich keine Worte und Begriffe in der Sprache der Menschen habe.

Jene von uns aber, die in die Unendlichkeit dieser Sphären den Blick gerichtet haben, sahen hinter diesen Welten noch andere, zu denen ihnen der Zugang jedoch bisher verwehrt ist. Nicht weil unwillige Hüter der Schwelle ihnen den Zutritt verweigern würden, sondern allein aus der inneren Gewissheit, noch nicht über die Reife zu verfügen, um in jene Welten eintreten zu dürfen.

Uns allen aber ist bewusst, dass diese kosmische »Treppe des Lebens« kein Ende hat. Es gibt keinen ANFANG, den wir uns vorstellen könnten. Wohl gibt es Anfänge von Universen, von himmlischen Reichen und lichten Sphären – die entstehen und wieder vergehen. Denn alles ist Reifen und Wachsen, von unvollkommenen zu vollkommeneren Stufen. Nichts bleibt so, wie es ist. Alles wandelt sich. Das Geheimnis des Lebens ist die VERWANDLUNG.

Welchen Sinn also sollte es machen, sich auf die Suche nach dem ANFANG zu begeben? Deine Welt entstand aus einer früheren, diese wiederum aus einer vorhergegangenen. So gibt es unendliche Anfänge und ebenso viele Enden. Wobei der Wissende erkennt, dass jeder Anfang einem Ende folgt und jedes Ende in Wahrheit ein Anfang ist. Wer dies erfasst hat, senkt in Demut sein Antlitz vor der unendlichen Einheit des Daseins. Denn er beginnt zu erahnen, dass nur der ANFANG sich selber kennt. Alles aber, was ihm entspringt, ist ewige Verwandlung. Wir dürfen das Licht schauen, die FLAMME aber werden wir nie berühren.«

Über die Verwandlung

Als wollte die Natur Elisions Worte unterstreichen, waren die Wolken nunmehr wieder ins Tal gesunken. Nur die letzten Fichten am Rande der Baumgrenze ragten darüber hinaus sowie die in der Sonne glitzernden schneebedeckten Könige der Berge.

»Du magst auf diese steinernen Giganten schauen und glauben, sie seien doch Zeugen für die Unwandelbarkeit. Doch ich sage dir, dass kein Morgen und kein Abend dem vorherigen gleicht. Nie siehst du diese Berge wieder so, wie du sie jetzt erblickst. Denn nicht nur die Natur wandelt sich in jedem Augenblick, auch du wirst morgen schon nicht mehr derselbe sein, der du heute noch bist.

Nun besitzen wir alle die Fähigkeit, das Gestern mit dem Heute und das Heute mit dem Morgen zu verknüpfen. Dies ist eine wunderbare Gabe, weil sie dir zum einen das Sinnhafte deines Lebens – deines schon unendlich langen und nie endenden Lebens –, und zum anderen die Ganzheit des Daseins vor Augen führt. Es gibt keine wirkliche Trennung in der Schöpfung. Zeit entsteht durch Verwandlung. Jedes Wachsen, jedes Erwachen, jedes Erkennen schenkt dir etwas Neues, und so wird das gestrige Neue zum heutigen Alten. Das Alte aber ist im Neuen aufgehoben.

Wenn du in deinem Leben zehn oder zwanzig Jahre zurückblickst, so zeigt sich dir ein Peter Allmend, der mit dem, der jetzt neben mir sitzt, nicht mehr viel gemein hat. Du hast dich verwandelt!

Und eines Tages wirst du nicht nur zwanzig, sondern du wirst zwanzigtausend Jahre zurückblicken, und dann wirst du natürlich andere Namen und Formen entdecken. Doch in diesem Bewusstsein wirst du erfassen, dass jene fernen Formen und Wesen noch immer mit dir verbunden sind.

Je weiter du voranschreitest, desto größer wird deine Freiheit, Bilder, Formen und Erinnerungen zu löschen. Heute würdest du diese Fertigkeit gerne nutzen, denn es gibt schon in deinem jetzigen Erdenleben Geschehnisse, derer du dich nur ungern erinnerst. Andererseits wärest du beglückt, käme die Erinnerung an einst verbrachte Stunden und Erlebnisse in den Tempeln und Mysterienstätten der Vergangenheit zurück.

Du magst dich wohl bemühen, ganz im JETZT zu leben, doch weißt du in jedem Augenblick, dass dieses Jetzt nicht gleichsam aus einem Nichts geboren ist. Die Absicht, bewusst in jedem Augenblick zu leben, ist gut und richtig, wenn du niemals vergisst, dass auch das Jetzt das Ergebnis von Verwandlung ist. Verwandlung bedeutet Geschichte und Kreativität. Du kannst jetzt etwas wahrhaft Neues schaffen, weil du im Jetzt das Ergebnis vieler Verwandlungen bewahrst.

Wer dies versteht, erkennt auch, dass es kein ABSOLUTES JETZT gibt, sondern immer nur ein individuelles Jetzt. Jedes Jetzt ist wahrhaft neu, aber nur für das betreffende Individuum! Deswegen komponiert der

Komponist eine Sinfonie und der Maler malt ein Gemälde – und nicht umgekehrt. Die Kreativität des Jetzt ist das Ergebnis von Verwandlung. Ihr schöpferisches Geheimnis jedoch liegt im ANFANG beschlossen – und niemand wird es je ergründen.

Über die Kreativität

Es war beeindruckend, der Bewegung von Elisions Händen zu folgen, wenn sie über die »Kreativität des Jetzt« sprach. Ihre Hände schienen unsichtbare Noten zu spielen oder zierliche Pinsel über eine nicht gegenwärtige Leinwand zu führen. Sie wollte dieses Thema offensichtlich noch intensiver behandeln – und das geschah dann auch.

»Wenn man sorgfältig beobachtet, kann man echte Kreativität von geschickter Nachahmung unterscheiden. Und in der Tat haben wir es auch nur in wenigen Fällen mit einer wirklichen Neuschöpfung zu tun.

Wenn ein Maler ein guter Handwerker ist, dann vermag er ein überzeugendes Porträt zu erstellen oder eine stimmungsvolle Landschaft zu zeichnen. Wenn ein Schriftsteller seine Sprache beherrscht, dann wird er ein kluges Sachbuch oder einen spannenden Roman zu schreiben vermögen.

Und so sieht es bei allen Künsten aus. Aber ist das schon wahrhafte Kreativität? Nein – es ist eine mehr oder weniger gelungene Bearbeitung von bereits Vorhandenem. Ein wirklicher Künstler wird ein Werk erschaffen, das seine Zuhörer, Betrachter oder Leser im Innersten berührt. Es geht um die Wiederverzauberung der Welt!

Mit dem Ausdruck »Wiederverzauberung« meine ich natürlich keine Magie, sondern ich spreche von jenem Zauber, jenem Geheimnis des Schöpferischen, das sich überall dort zeigt, wo im Kunstwerk eine höhere Wirklichkeit offenbar wird.

Du wirst vielleicht schon bemerkt haben, dass es über wahre Kreativität, die sich in einem wahrhaften Kunstwerk zeigt, keinen Streit gibt. Irgendwann treten aber auch hier natürlich die sogenannten »Kunst-Wissenschaftler« auf den Plan und beginnen, Noten, Farbtupfer oder Worte zu analysieren, um so vielen die

Freude am eigentlichen Werk zu verderben. Kunst, die sich erklären muss, ist keine Kunst!

Wer jedoch mit einem unschuldigen Herzen zum ersten Mal einem wirklichen Kunstwerk begegnet – der wird von ihm verzaubert werden. Denn es vermag den Einzelnen zu erheben und in eine höhere Welt zu entführen. Daher ist die Kunst die Schwester der Religion. Eigentlich ist sie sogar die ältere Schwester, weil wahre Kunst immer eine Offenbarung des Göttlichen war – die Religion jedoch nur in ihren lichtvollen Momenten.«

Über die Natur

Die Zeit war stehen geblieben, seit sich Elision auf die kleine Bank neben mich gesetzt hatte. Doch ein Blick auf den dunkler werdenden Himmel zeigte nicht nur an, dass der Tag fortgeschritten war, sondern auch, dass ein Gewitter drohte.

»Kannst du die Kraft spüren, die sich zusammenballt und zu einer Entladung drängt? Die Natur ist keine unbelebte Wirklichkeit; die Natur ist ein Spiegelbild zahlloser Energien, die unaufhörlich auf sie einwirken.

Da alles mit allem verbunden ist, wirkt auch alles auf alles ein. In eurer Welt wird gerne ein Bild verwendet, wonach der Flügelschlag eines Schmetterlings einen Taifun auslösen könne. In dieser Aussage liegt eine tiefe

Wahrheit verborgen. Deine Gedanken wirken nicht nur auf dich zurück, sie wirken auch auf andere Menschen ein – und auf die Natur. Die Natur ist weder unbewusst noch blindwütig, was ihr auf eure Erde gerne nachgesagt wird. Die Natur wird gespeist von vielen verschiedenen Kräften aus der sichtbaren, aber auch aus der unsichtbaren Welt.

Jeder schädliche Gedanke, jedes egoistische Begehren und all der Hass und die Gewalt, die auf der Erde jeden Augenblick geboren werden, erzeugen Wesen und Kräfte in den inneren Welten. Und wie du weißt, drängt jede Kraft zu ihrer Verwirklichung.

Keine Katastrophe auf Erden ist das Ergebnis des viel beschworenen Zufalls oder blind waltender Naturkräfte. Ich könnte dir die Wesen beschreiben, die hinter dem sich zusammenbrauenden Unwetter wirken. Es sind aufbauende und zerstörerische Kräfte am Wirken – aber sie alle müssen sich dem großen PLAN DES LEBENS unterordnen. Es fällt kein Ziegel von einem Dach und kein Schiff wird von einer Welle verschlungen, ohne einen tieferen Sinn. Es gibt nicht ein wenig Zufall und ein bisschen Sinn. Der Mensch muss sich entscheiden, ob er an eine intelligente Schöpfung oder an ein chaotisches Universum glauben möchte.

Doch jetzt mache dich auf den Heimweg, sonst wirst du noch unplanmäßig nass!«

Mit einem fröhlichen Lachen entließ mich Elision, und ich stieg beschwingt den Weg nach Mürren hinab. Eigentlich war es eher ein Schweben, denn es schien mir, als ob ich die Steine und Wurzeln unter meinen Füßen kaum spürte.

Über den Glauben

Dichte Wolken hingen über den Bergen. Jenseits der Baumgrenze erstreckte sich ein grauweißes Nichts, in dem für Sekunden plötzlich etwas auftauchte – eine Berghütte, ein Stück Fels oder ein Schneefeld. Es hatte in der Nacht wieder heftig geregnet, und der Anstieg zum Mittelberg war feucht und rutschig.

Über die hintere der beiden Hütten schlich gerade ein Wolkenfetzen, während die vordere im matten Morgenlicht inmitten der Wiesen ruhte. Die beiden Bänke waren leer.

Ich näherte mich der Hütte diesmal von oben, um einen Blick auf die Tür zu werfen. Sie machte nicht den Eindruck, häufig in Gebrauch zu sein. Allerdings fiel mein Blick erstmals auf das kleine Schild oberhalb des

Türbalkens, auf dem eine Hausnummer angegeben war – 888. Die Acht, die Zahl der Unendlichkeit. Ein sehr passendes Symbol für die vorübergehende Wohnstatt von Elision.

Ich setzte mich auf die Bank und wartete.

Elision erschien so leise wie beim letzten Mal. Ich fragte mich, ob die uralte Hüttentür nicht laut knarren müsste, wenn man sie öffnete und wieder schloss.

Elision legte mir zur Begrüßung auch diesmal die Hand auf den Arm und blickte mich aus ihren unergründlich tiefen Augen freundlich an.

»Die Wolken verhüllen die Gipfel, aber du weißt natürlich, dass sie vorhanden sind, obwohl sie zurzeit im Unsichtbaren verharren. An ihre Existenz zu glauben, fällt dir nicht schwer, da du sie ja gestern noch gesehen hast. Säße jetzt neben dir aber ein Besucher, der noch nie zuvor im Berner Oberland war, er müsste deinen Worten Glauben schenken, wenn du ihn darauf hinwiesest, dass hinter der Wolkenwand ein großartiges Gebirgsmassiv ruht.

Nun gab es schon viele Besucher hier, und es wird niemandem schwerfallen, deinen Worten und Angaben zu vertrauen. Wie sieht es jedoch aus, wenn du von unserer Begegnung schreiben wirst? Es gibt nur ganz wenige Menschen, die je von mir gehört oder mich gar gesehen haben. Wird man dir auch diesen Bericht glauben?

Und wie sieht es mit dir selbst aus? Würdest du deine Geschichte glauben, wenn du sie von einem Fremden erzählt bekämest?

Es hat eine seltsame Bewandtnis mit dem Glauben. Manchen Menschen scheint es keine großen Schwierigkeiten zu bereiten, an eine höhere Wirklichkeit zu glauben, während andere dazu offensichtlich nicht in der Lage sind. Es bedarf des Kontaktes zur eigenen Seele, um glauben zu können, was man nicht zu sehen vermag. Letztlich legt der Glaube Zeugnis ab für die Kraft der Wiedererinnerung.

Wenn ein Mensch das Bildnis eines Engels sieht, dann weckt es eine Erinnerung in seinem Bewusstsein. Eine Erinnerung an ein Dasein in einer anderen Welt, in der Engel ebenso zur Wirklichkeit gehören wie heute die Berge.

Glauben ohne Rückerinnerung wird es nicht geben. Daher wirst du wenig Erfolg haben, wenn du Leser, welche die Wahrhaftigkeit deines Berichtes in Zweifel ziehen, vom Gegenteil zu überzeugen versuchst. In ihrer irdischen Persönlichkeit leuchtet das Licht ihrer Seele noch nicht – und daher sagt ihnen keine innere Stimme, dass du die Wahrheit sprichst.

Gehe dann deiner Wege und lerne zu schweigen. Die Kraft der Verwandlung wird ihr Werk vollbringen. Und besäße der Zweifel nicht seine Berechtigung, er wohnte nicht in den Herzen der Menschen.«

Über den Zweifel

Während Elision gesprochen hatte, waren wir immer wieder für kurze Zeit von einem wärmenden Sonnenstrahl umhüllt worden. Doch als sie fortfuhr, gewannen wieder die Wolken ihren kleinen Wettstreit mit der goldenen Kugel am Firmament.

»Der Zweifel ist der Todfeind der Lüge. Gäbe es sein segensreiches Wirken nicht, die Menschheit wäre von Kräften, die ihr nicht wohlgesonnen sind, noch weitaus tiefer in die Irre geführt worden, als es ohnehin geschehen ist. Denke an Lehren wie jene von der Erde als Mittelpunkt der Schöpfung, von der Ewigkeit einer Höllenstrafe oder von der Urschuld der Frau im angeblichen Sündenfall. Die Reihe dieser Lehren wäre endlos fortzusetzen.

Manche falsche Lehren entstanden durch eine Fehldeutung alter Bilder, manche durch kindliche Unwissenheit und ein nicht geringer Teil aus böser Absicht.

Immer dann, wenn in der Erdenwelt Macht mit Lieblosigkeit ein Bündnis eingeht, entsteht Unwahrheit. Unterschätze nie die Kräfte, welche die Menschheit in Unwissenheit halten möchten!

Es mag seltsam für dich klingen, aber in Wahrheit sind Zweifel und Glauben Geschwister. Sie wurden gleichzeitig geboren und stellen wirksame Kräfte dar, um der Wahrheit zum Sieg zu verhelfen.

Beide nämlich schöpfen ihre Stärke aus der Seele, aus der Gewissheit der Wiedererinnerung. Der Glauben trinkt aus dem Kelch der Liebe und sieht daraufhin mit den Augen der Seele. Der Zweifel zieht das Schwert der Unterscheidung und wird zum friedvollen Krieger des Geistes.

Achte also beide Eigenschaften in gleichem Maße, denn sie dienen beide auf ihre Weise der Wahrheit. Der Glauben führt über sanfte Auen zum Gipfel, der Zweifel über steilen Fels. Am Ziel angelangt, sind die beiden Geschwister als WISSENDE wieder in Liebe vereint.«

Über die Erde

»Komm, lass uns einige Schritte zu der Bank beim Wegweiser gehen«, sagte Elision und ergriff meine Hand. Wir gingen die wenigen Meter über die feuchte Wiese und setzten uns auf die kleine Bank oberhalb der Hütte.

»Die Erde unter deinen Füßen schenkt dir Sicherheit. Sie ist eine vertraute Bekannte. Sie nährt dich und bietet dir Schutz. So empfanden es die Menschen seit Urbeginn. Zugleich erkannten sie, dass die Erde ein lebendes Wesen war, das Feuer speien oder beben konnte. Eines aber erkannten sie lange nicht – dass sie auf einem Raumschiff lebten.

Wie unzählige Planeten in Sonnensystemen ohne Zahl zieht auch die Erde ihre Bahn durch das Weltall. Ihr bewundert Astronauten oder Kosmonauten und vergesst dabei, dass ihr selber welche seid. Die Erde hat Geschwister in Sphären, von denen ihr noch nie etwas vernommen habt – sichtbare und unsichtbare.

Auf dieser solide gebauten Bank zu sitzen, die feuchte Wiese unter dir zu spüren und die erhabenen Berggipfel zu betrachten, lässt dich und deine Erdengeschwister allzu oft vergessen – ihr seid Raumfahrer im Weltall. Und ihr seid keinesfalls allein unterwegs!«

Über Licht und Schatten

»Es gibt gleichsam paradiesisch schöne Orte auf der Erde – wir befinden uns gerade an einem von ihnen. Doch es gibt auch das Gegenteil davon: Städte, in denen du die Luft nicht atmen kannst, mit einzelnen Vierteln, die du nicht betreten solltest, willst du nicht Leib und Leben gefährden. Du kennst deine Welt gut, und natürlich weißt du, wie nahe Licht und Schatten auf ihr beieinander liegen.

Die Erde ist eine Art »Schulungsstätte«. Es gibt nur wenige Welten in jenen Reichen, die ich zu betreten vermag, die ähnliche Gegensätze aufweisen. Auf diesem Planeten können Heilige und Dämonen nahezu Tür an Tür wohnen. Die Erde versammelt Wesen aus unterschiedlichen Ebenen, von lichtvollen bis hin zu wahrhaft dunklen.

Du magst dich fragen, worin der Grund dafür liegt – und die Antwort auf diese Frage ist wahrhaft nicht einfach. Sie ist auch für mich nicht in letzter Klarheit zu geben, und manches, was ich dir sagen werde, habe ich selbst von meinen Lehrern erfahren. Und ich glaube nicht, dass ihnen alle Geheimnisse offenbart wurden.

In den unendlichen Weiten der Schöpfung, der materiellen wie der feinstofflichen, leben Wesen unterschiedlichster geistiger Reife. Entsprechend ihrer Stufe oder gemäß ihres Bewusstseins formen sie die Welten und Sphären, in denen sie ihr Dasein fristen. Das uralte Gesetz des »Wie innen – so außen« gilt universell. Lichtvolle Wesen werden eine lichtvolle Welt erbauen oder zu einer solchen hingezogen werden. Und auch die Schattenwesen suchen ihresgleichen. Sie alle gestalten in ihrer Freiheit ihre jeweiligen Reiche.

Es entzieht sich auch unserer Kenntnis, wann die Unterscheidung in Licht- und Schattensphären ihren Anfang genommen hat. Wenig spricht dafür, dass es einen bestimmten Zeitpunkt gegeben hat. Das LICHT verdunkelte sich allmählich, bedingt durch das Verhalten jener Lichtwesen, die gegen das GROSSE GESETZ verstießen.

Du darfst dieses Geschehen nicht mit irdischen Augen betrachten. Wir sprechen hier nicht über gute oder schlechte Taten. Der Maßstab, den du heute anlegst, ist ein Ergebnis jener Entwicklung, die vor Urzeiten begonnen hat. Die einstige Trübung des Bewusstseins jener kosmischen Lichtwesen ist uns heute nicht mehr nachvollziehbar. Was dich aber möglicherweise erschrecken mag, ist die Tatsache: Du warst Teil dieses Geschehens!«

Kein Wesen, zu keinem Zeitpunkt der Schöpfung, lebt in einer Welt, die nicht seiner geistigen Entwicklung entspricht. Das GROSSE GESETZ ist unfehlbar. Es wirkt nach dem Prinzip: Gleiches zieht Gleiches an.

Ich vermag dir nicht zu erklären, wie im ANFANG das Leben aus der Urquelle ins Dasein getreten ist. Auch in meiner Welt besitzt niemand die Einsicht, dir darauf eine Antwort zu geben. Aber eines ist gewiss: Jedes geschaffene Wesen kannte zu jedem Zeitpunkt seines Daseins das GROSSE GESETZ; und jedes geschaffene Wesen besaß die Freiheit, es zu beachten oder es zu missachten.

Wir alle müssen in diesen »Fernen Tage der Schöpfung« unseren Eigenwillen dazu verwandt haben, gegen das Gesetz zu verstoßen. Wir missbrauchten unsere schöpferischen Kräfte und riefen dadurch den Schatten hervor. Vielleicht war dies überhaupt die Geburtsstunde des Schattens.

Als uns der Schatten, den wir selbst erschaffen hatten, umgab, sanken wir tiefer – nicht im Raum, sondern in unserem Bewusstsein. Das LICHT entfernte sich nicht von uns, sondern wir entfernten uns von ihm. Wir leben heute in solch großer Ferne vom LICHT DES ANFANGS, dass unser eingetrübtes Bewusstsein inzwischen nicht mehr in der Lage ist zu erkennen, was damals geschah.

Wahrscheinlich wären wir längst in die völlige Erstarrung des absoluten Schattens gefallen, wenn in uns nicht jener unsterbliche Funken des LICHTES leben würde, der unser unzerstörbares Geschenk und die unüberhörbare Verheißung enthält: »Ihr alle werdet dereinst wieder mit dem LICHT vereint sein.«

Wir, in unserer Welt, unterscheiden uns von euch, unseren Erdengeschwistern, nur in einer kosmischen Nuance. Ein unendlich kleiner Funken leuchtet in uns bereits etwas heller, aber auch wir sind alle auf dem Heimweg. Und wir erahnen es, wie lange die Reise noch dauern wird.

Die meisten meiner Brüder und Schwestern sind, wie auch ich, über irdische Inkarnationen gereift. Wir sind dornige Wege gegangen, die auch du beschreiten musst. Wir alle bilden eine Goldene Kette. Was immer wir von unseren Lehrern und Lehrerinnen empfangen, das reichen wir an euch weiter. So wie du das, was du von mir empfängst, an deine Erdengeschwister weitergeben wirst. Und unser aller einzige Aufgabe lautet: Den Schatten zu durchlichten!«

Über die Freiheit

Die tiefsinnigen Worte von Elision über Licht und Schatten ließen in mir die Frage aufkommen, ob die Freiheit, die wir heute zu haben meinen, nicht durch unsere Verbindung mit dem Schatten deutlich eingeschränkt ist. Aber Elision ließ das nur bedingt gelten.

»Freiheit ist untrennbar von Bewusstsein. Natürlich ist die Freiheit eines Kleinkindes in gewisser Weise eingeschränkter als die eines Erwachsenen; und sinnbildlich gilt dies auch für alle »Kinderseelen«. Dennoch ist jedes Wesen auf seiner Entwicklungsstufe weitgehend frei in seinen Entscheidungen.

Nun magst du einwenden, es sei doch offensichtlich, dass auf Erden viele Geschehnisse nicht zufällig einträten. Damit hast du selbstverständlich recht, doch widerspricht das nicht meiner Aussage bezüglich der Freiheit. Du musst nur in mehreren Dimensionen denken.

Was dem Menschen hier gewissermaßen vorbestimmt erscheint, hat er vor seinem Erdenleben selbst so ausgewählt. Und diese Wahlfreiheit reicht viel weiter als nur bis zur Auswahl der Lebensumstände einer Erdenwanderung. Auch im kosmischen Rahmen darf die Seele in vieler Hinsicht mitbestimmen. Es gibt in den inneren Welten so etwas, was du in deiner humorvollen Art als »Beratungsbüro der Engel« bezeichnen würdest. In den lichten Sphären gibt es eine große Solidarität der Geistwesen, zumindest all jener, die sich auf dem Heimweg ins LICHT befinden.

Eure Freiheit auf Erden hat viel mit Achtsamkeit und Zweifel zu tun. Wenn du irgendeinem religiösen Bekenntnis oder irgendeinem der vielen selbsternannten Lehrer folgst, gibst du völlig unnötig einen großen Teil deiner Freiheit auf. Nur wenn du deinen eigenen Weg wählst, einen Weg, der niemals vor dir von irgendjemandem beschritten wurde und der auch nur von dir beschritten werden kann, dann lebst du wahrhaft in Freiheit.

Allein in der Freiheit vermagst du auch deine Kreativität zu entfalten. Nur wenn du ganz du bist, öffnet sich das innere Tor zum Schöpferischen. Schönheit, Liebe und Weisheit gehen ohne Freiheit nicht auf Reisen!

Wenn du dich erinnerst, was ich über die Verwandlung gesagt habe, dann liegt es auf der Hand, dies auch auf die Freiheit zu beziehen. Freiheit ist stets ein Freisein hin zu größerer Einsicht und Erkenntnis. Wer frei geworden ist von einem Zwang oder einer Beengtheit seiner Lebensumstände, wird zugleich frei, um eine größere Aufgabe im Dienst am großen PLAN zu übernehmen. Wer der Welt oder weltlichen Bindungen verpflichtet ist, vermag nicht dem GEIST zu dienen.

Du bist immer frei, deinen Lebensplan zu verwirklichen – in dieser Welt und in allen anderen!«

Über die geistigen Gesetze

Elision hatte sich am späten Nachmittag ziemlich rasch von mir verabschiedet. Dabei konnte ich mich des Eindrucks nicht erwehren, als warteten noch andere Aufgaben auf sie.

Als ich am nächsten Morgen aus dem Wald auf die Mittelberg-Lichtung trat, saß Elision schon auf der Bank vor der Hütte und winkte mir freundlich zu. Es ging ein ganz zarter Duft von ihr aus, der mich wie ein feiner Schleier umfing, als ich mich neben sie setzte.

»Wir wollen heute über die geistigen Gesetze sprechen und über ihre Auswirkungen auf das menschliche Leben. Sie alle sind auf Erden seit Jahrtausenden bekannt. Die Worte mögen von Zeitalter zu Zeitalter unterschiedlich sein, die Botschaft war stets dieselbe.

Schon die Weisen der von euch »Antike« genannten Epoche kannten das Gesetz der Verwandlung und lehrten: »Alles fließt!« Die großen Religionslehrer verkündeten das Gesetz des Ausgleichs und das Prinzip von Saat und Ernte. An den Wänden der Pyramiden und auf der Smaragdtafel des Hermes wurde festgehalten, dass das Innere dem Äußeren gleicht und das, was unten ist, dem entspricht, was oben Bestand hat. Es gibt, zumindest was die geistigen Gesetze anbelangt, in der Tat nichts Neues unter der Sonne.

Die Gesetze sind einfach! Jedes Kind kann die Lehre verstehen, wenn du ihm sagst: »Wenn du Böses tust, wird Böses zu dir zurückkehren.« Dies mag nicht sofort geschehen, manchmal nicht einmal im selben Leben – aber es kehrt mit absoluter Gewissheit eines Tages zurück.

Wer hier »unten«, in der irdischen Welt, ein böswilliger Mensch ist, der wird einst »oben«, in den nichtmateriellen Ebenen, eine entsprechende Umgebung vorfinden. Der Mensch schafft sich seine Welt stets selbst – im Kleinen wie im Großen.

Es ist eines der seltsamsten Phänomene eurer Zeit, dass die Menschen glauben, es gäbe einige gute Tricks oder ein paar simple Techniken, um Glück, Erfolg und Erleuchtung zu erlangen. Wie geschickt doch die Schattenkräfte auf der Klaviatur des menschlichen Egos spielen! Keines der geistigen Gesetze lässt sich umgehen. Die Hüter der Menschheit wachen mit vollkommener Gerechtigkeit über die Erde und lassen sich nicht täuschen.

Wer sich nicht dem Dienst an seinen Erdengeschwistern verschrieben hat, sondern noch den eigennützigen Interessen seines Egos Rechnung trägt, der wird die eherne Kraft der Gesetze erfahren. Er wird nicht *für* seine Sünden bestraft, sondern *von* ihnen. Diese schmerzhafte Erkenntnis soll ihn allein zu einer einzigen Einsicht führen: Kehre um!«

Über den Stolz

Das erst Mal hatte ich bei den Worten Elisions den Eindruck, sie habe mir nur wohlvertraute Dinge mitgeteilt. Die Gesetze, die sie erwähnt hatte, waren mir natürlich alle bekannt. Daher blickt ich sie mit einer Miene an, die wohl ausdrückte: »Gibt es denn nicht noch etwas wirklich Neues?«

Doch schon in dem ernsten Gesichtsausdruck von Elision las ich, dass ich offenbar nicht auf dem rechten Weg war. Ich musste etwas Entscheidendes übersehen haben.

»Mein lieber Freund und Bruder, du stehst kurz davor, in die letzte Falle jener zu geraten, die unsere Werkzeuge und Botschafter auf Erden sein möchten. Es ist die Falle des Stolzes!

Du bemerkst es oft nicht, aber tief in deinem Herzen trägst du den »Stolz des Wissenden«.

Du glaubst, die großen Geheimnisse des Lebens erkannt zu haben.

Du glaubst, die geistigen Gesetze verstanden zu haben.

Du glaubst, ein Werkzeug der geistigen Welt zu sein.

Und manchmal schaust du ein wenig herab auf jene deiner Geschwister, die noch im Dunkel der Unwissenheit umherirren und ihr Leben mit allerlei Nutzlosem vergeuden. Sei achtsam, denn hier droht dir eine letzte Gefahr, die dich auf deinem Pfad vorübergehend zu Fall bringen kann.«

Ich muss zugeben, dass ich bei diesen Worten ein wenig zusammenzuckte. Obwohl es ein gütiger und weiser Ratschlag war, traf er mich doch aus Elisions Mund wie ein schwerer Tadel – und ich fühlte mich tatsächlich durchschaut. Alles, was sie gesagt hatte, traf in vollem Umfang zu.

»Peter, höre auf dich zu grämen und schaue nicht so zerknirscht, sonst bringst du mich zum Lachen. Du sollst in keiner Richtung übertreiben. Es ist durchaus gerechtfertigt, Erkenntnis von Unwissenheit zu unterscheiden. Auch darfst du darauf vertrauen, die Weisheit der älteren Brüder und Schwestern vom Gerede der »Kinderseelen« trennen zu können. Doch bilde dir nichts darauf ein! Angesichts der Ewigkeit ist der Schritt von der Kinderseele zu jener Höhe, auf der du angekommen bist, nur ein Wimpernschlag. Es gibt keinerlei Berechtigung, auf deine jüngeren Geschwister herabzusehen.

Sei dir selbst gewiss in deiner Erkenntnis. Nutze sie zum Dienst an allen Geschöpfen, aber sei nicht stolz darauf. Und beachte ein Weiteres: Der gefährlichste Stolz ist jener, ohne es zu bemerken stolz darauf zu sein, dass man nicht mehr stolz ist. Manchmal kommt der Schatten in der Verkleidung eines lichten Mantels daher.«

Über die Demut

»Achtsamkeit ist der einzige Schutz gegen Stolz und Hochmut. Demut aber ist sein Heilmittel. Was ist der Kern des Stolzes? Es ist der Glaube, etwas besser zu können; etwas Größeres geschaffen zu haben als andere; etwas verstanden zu haben, was andere noch nicht verstehen konnten; und letztlich – etwas Besseres zu *sein* als alle anderen.

Was bleibt davon, wenn man es mit den Augen der Wahrhaftigkeit betrachtet?

Jede Begabung, jede Fähigkeit – ist in letzter Konsequenz ein Geschenk aus der QUELLE.

Alles, was geschaffen wurde, konnte nur geschaffen werden, weil die Befähigung dazu dem, der es schaffen durfte, von höheren Mächten verliehen wurde. Dabei wähle ich das Wort *verliehen* mit Bedacht – es ist eine Leihgabe. Und jede Leihgabe muss einstmals wieder an ihren rechtmäßigen Besitzer zurückgegeben werden. Wenn wir auf die Erkenntnis schauen, so lässt sich zwar mit einer gewissen Berechtigung sagen, sie sei selbst errungen, aber die »Erkenntnis an sich« besteht seit der Zeit des großen Anfangs. Jeder Erkennende erinnert sich also nur an etwas, was er vergessen hat. Kein Grund, um Stolz darüber zu empfinden.

Es bleibt am Ende nur die Gewissheit: Alles SEIN ist ein gewordenes. Alles entspringt dem ANFANG. Ihm gebührt aller Dank und alle Verehrung.

Jede Seele, in dieser und in allen anderen Welten, wird in Demut niedersinken vor Verehrung für den URSPRUNG ALLER GABEN. Alles verdanken wir dieser QUELLE, und was immer ein Wesen auch Wunderbares erschaffen mag, so ist es doch nur ein Werkzeug des ALLERHÖCHSTEN. Es bleibt kein Funken von Stolz zurück, hat man diese so unendlich wesentliche Einsicht gewonnen.

Demut ist der Schlüssel zum Dienen. Ohne Demut wird kein Wesen, weder in dieser noch in einer anderen Welt, ein Mitarbeiter am großen PLAN. Wer jedoch in Demut die Hände öffnet für eine lichtvolle Gabe, wird wirken dürfen im Einklang mit einer zahllosen Schar leuchtender Himmelsboten und Wunderbares vollbringen zum Lobpreis des ewigen Schöpfers allen Lebens.«

Über die Angst

»Der größte Teil aller menschlichen Schwächen und schlechten Charaktereigenschaften hat seine Wurzeln in der Angst. Wenn wir eine Liste der verschiedenen Ängste aufstellen wollten, sie fiele sehr, sehr lang aus.

Richten wir unser Augenmerk auf die fünf wichtigsten:

Die Angst vor dem Tod
Die Angst vor Krankheit
Die Angst vor dem Verlust eines geliebten Menschen
Die Angst vor Armut
Die Angst vor der Sinnlosigkeit des Daseins

Wir werden über den Tod noch sprechen. Er ist ein wahrer Freund des Menschen. Ewige Bindung an die

Körperhülle wäre das traurige Los der Menschheit, reichte ihr der Tod nicht immer wieder seine gütige Hand, um sie aus der Enge des Leibes zu befreien. Er verdient es wahrlich, mit Ehrfurcht und Dankbarkeit begrüßt zu werden, wenn er an die Tür klopft. Manchen mag es so vorkommen, als erscheine der Tod zur Unzeit, aber sie mögen versichert sein, keiner ist weiser und gütiger als der große Menschenfreund – der Tod.

Die Ur-Angst der Menschheit vor Krankheit ist verständlich, ist sie doch vielfach eine Beschwernis des Lebens. Warum jedoch die tägliche Furcht vor der Krankheit? In den meisten Fällen geht sie an den Türen vorbei, und Furcht und Sorge haben grundlos Einkehr genommen in Haus und Herz. Tritt die Krankheit jedoch ein, so frage sie nach dem Grund ihres Kommens. Ihr einziger Anlass lautet stets: Verstoß gegen ein geistiges Gesetz. Wer achtsam ist, wird schon bald einsehen, wo er gefehlt hat. Gier, Lieblosigkeit, Hass, Neid, Hoffart und Eifersucht öffnen das Tor zur Krankheit in Windeseile. Glücklich mag sich jeder schätzen, der ihr ins Antlitz blickt, die Augen niederschlägt, versteht und sich zu ändern beginnt. Die Krankheit wird ihm zum Segen, ihre Botschaft gerät ihm zum Heil. Heilung kommt in der Tiefe nur durch Verstehen. Wer das gebrochene Gesetz erneut anerkennt und anwendet, wird genesen an Leib und Seele. Mancher jedoch widersteht dem Gesetz – und die Krankheit wird Wohnung nehmen bei ihm für lange Zeit.

Aber wo immer Krankheit gesehen wird, möge jeder sich hüten, mit dem Finger zu zeigen und von Schuld zu sprechen. Kaum zurück in seinem Heim, wird die Krankheit bei ihm Einzug gehalten haben. Nur wenige wissen, warum diese Frau oder jener Mann von der Krankheit gezeichnet wurden. Sie aber schweigen und helfen mit gütigem Herzen. Jene, die schwätzen und mit dem Finger zeigen, zählen zu den Unwissenden und Lieblosen, die auf der Hut sein sollten.

Auch die Krankheit ist also eine weise Freundin der Menschen. Es gilt, ihr zuzuhören und ihr Kommen mit Demut anzunehmen. Sie bringt eine wichtige Botschaft. Für viele führte der Weg zum Heil über die Krankheit.

Geht ein geliebter Mensch voraus in eine andere Welt, so vergießen die Zurückgebliebenen oft bittere Tränen. Sie ahnen meist nicht, wie sehr sie den Weg dessen erschweren, der nur durch einen Schleier von ihnen getrennt ist. Was in Liebe verbunden ist, kann nie getrennt werden. Formen mögen sich auflösen, die Liebe aber bleibt. Die Angst vor dem Verlust wird wohl so lange das Leben der Menschen verdunkeln, bis die Schranke zwischen Diesseits und Jenseits sich gehoben hat. Wer still und achtsam nach innen spürt, wird die Anwesenheit jener wahrnehmen, die nur eine Hülle ablegen durften.

Wenn wir von unserer Seite auf eure Welt blicken, so scheint es, als ob die Angst vor der Armut inzwischen die stärkste Kraft auf Erden sei. Die Menschen setzen eine kaum vorstellbare Energie ein, um materielle Werte zu erwerben. Die Gier nach Geld und Gut liegt wie eine schwarze Pestwolke über großen Teilen der Erde, und wer von ihr infiziert wird, verrät Eltern und Geschwister, Freunde und Gefährten. Man möchte der Menschheit zurufen: Ihr seid nackt und bloß gekommen – und genauso werdet ihr wieder von dannen gehen. Wer Gier sät, wird Armut ernten. Wem aber Reichtum nichts bedeutet, der wird nie Sorge um sein Auskommen haben müssen.

Die Angst vor der Sinnlosigkeit ist ein schwerer Kummer. Sie ist nicht leicht zu überwinden, da sie oft das Ergebnis von einem Leben der Zuwendung zum Schatten ist. Wer dem Schatten huldigt, wird ihm tributpflichtig. Legt er sich dann in seiner Unbarmherzigkeit vor das LICHT, wird es schwer, noch den Sinn des Daseins zu erkennen.

Wir dürfen von unserer Seite aus nur dann eingreifen, wenn wir um Hilfe gebeten werden. Bittet, so wird euch aufgetan, können wir jenen versprechen, die den Schatten überwinden wollen.

Angst macht das Leben eng. Nur wer sein Denken weitet und sein Herz öffnet, wird sie überwinden. So zählt die Angst zwar nicht zu den Freunden des Menschen, aber bekanntlich kann ein Feind ein Spiegel sein, der zur Erkenntnis führt.«

Über die Vergebung

Erst mit den letzten Worten Elisions spürte ich, dass die frühe Abendkühle sich ankündigte. Ich zog meine Jacke etwas enger um mich und schaute verwundert auf das dünne weiße Kleid, das Elision doch kaum genügend Wärme zu dieser Zeit des Tages spenden konnte. Doch es schien ihr nichts auszumachen, denn sie richtete noch einmal das Wort an mich.

»Ein Schlüsselbegriff für den Menschen in seiner gegenwärtigen Suche nach Halt, Orientierung und Ordnung lautet – Vergebung. Vergebung in ihrer doppelten Form des Bittens und Gewährens. Schon vor Jahrtausenden wurde euch die Lehre von der »Vergebung der Schuld« geschenkt. Sie enthielt den Hinweis, wie eng die Vergebung eurer Schuld mit der Vergebung für eure Schuldner verknüpft ist. Auch hier begegnet ihr wieder einem geistigen Gesetz. In dem Maße, wie ein Mensch seinen Mitmenschen Vergebung gewährt für ihre kleinen und größeren Missetaten, wird er selbst Vergebung empfangen. Es geht in Wahrheit um seine innere Einstellung. Einem anderen Menschen Vergebung zu gewähren, führt zur Läuterung des eigenen Charakters. Es ist eine freiwillige Tat, aus Liebe und Güte heraus geschenkt. Der Mensch sollte, falls er schon wieder stolz auf seine Großmütigkeit zu werden droht, immer im Bewusstsein behalten, dass ihm von seinem Schuldner kein Unrecht widerfahren ist! Die »Schuld«, die ihm zugefügt wurde, gleicht nur eine ähnliche Tat aus der Vergangenheit aus. Mit der neuen Tat wird das Rad des Ausgleichs jedoch erneut in Drehung versetzt – und so kommt das Gesetz von Saat und Ernte auch weiterhin zur Anwendung.

Wer jedoch aus ehrlichem Herzen seinem Schuldner Vergebung zu gewähren vermag und ihn damit aus schicksalhafter Verknüpfung entlässt, der beendet in diesem Fall die Drehung des Rades. Es ist eine segensreiche Tat für den Anderen – aber auch für ihn selbst.

Wenn du tief in dieses Gesetz eindringst, wirst du ein überaus wichtiges Prinzip des Lebens erfassen. Vergebung ist ein bedeutsamer Schlüssel zur Erlösung dieser Welt – und vieler weiterer.

Damit wollen wir es für heute bewenden lassen, sonst beginnst du tatsächlich noch zu frieren.«

Über die Stille

Es war einer dieser wundervollen Sonnenaufgänge, bei denen noch die Nebelwolken aus dem Tal aufsteigen, während die Gipfel schon im Glanz der Morgensonne erstrahlen. Ich hatte mich früher als sonst auf meinen kurzen Anstieg zum Mittelberg begeben und rechnete nicht damit, Elision schon anzutreffen. Doch als ich das Plateau erreicht hatte, sah ich sie schon in der Wiese stehen. Sie winkte mir zu und rief: »Lass uns einen kleinen Spaziergang machen.«

Wir stiegen langsam den kleinen Pfad zum gegenüberliegenden Wald empor, ohne dass ein Wort fiel. Nirgends war ein Mensch zu sehen, nur einige Vögel sangen ihre fröhlichen Morgenlieder.

Wir gingen etwa eine halbe Stunde bergauf und kehrten dann um zur Hütte. Als wir auf der Bank saßen, vergingen noch einige Minuten, ehe Elision zu sprechen begann.

»Die Stille ist ein kostbares Gut. Die schrecklichen Zustände auf diesem Planeten sind zu einem gewissen Teil auch darauf zurückzuführen, dass die Welt so schrecklich laut geworden ist. In den meisten Städten ist der Lärm fast unerträglich, aber auch auf dem Land hörst du inzwischen ständig irgendeinen Klingel- oder Signalton, oder es läuft irgendeine landwirtschaftliche Maschine.

Die Berge sind noch ein letzter Zufluchtsort geblieben, doch im Winter musst du die Skipisten meiden, sonst wirst du auch dort ein Opfer des Trubels.

Wenn du achtsam in die Stille der Berge lauschst, dann spricht sie zu dir. Und glaube nicht, es sei dein inneres Wesen, welches sich offenbart – die Stille ist eine göttliche Manifestation. Es gibt Orte, nicht nur in den inneren, sondern auch in den materiellen Welten, an denen die Stille so kraftvoll ist, dass du sie körperlich spüren kannst. An diesen Kraftplätzen ist die Stille so mächtig, dass du sie wie einen starken Windhauch verspürst in dem Augenblick, da du ihr Reich betrittst. Sie umgibt dich mit ihrem heiligen Feld und schirmt dich ab von allen negativen Einflüssen, aus welchen Sphären sie auch kommen mögen. Nichts vermag den Schutzschirm der Stille zu durchdringen. Und dann lausche auf ihre Botschaft!

Täglich einige Zeit in der Stille zu verbringen, ist unverzichtbar, um geistig und körperlich gesund zu sein. Ein Mensch, der sich nicht jeden Tag eine kurze Weile in die Stille zurückziehen kann, wird seines wahren Menschseins beraubt. Nur in der Stille vermag der Mensch der Inspiration des Allerhöchsten zu lauschen oder den lichtvollen Hauch seines Engels zu erahnen. Stille spricht – und in der Stille spricht auch etwas zum Menschen.

Nun kann niemand jeden Tag in die Berge fahren, um die Stille zu erleben; aber jeder sollte sich einen Platz – in seinem Wohnbereich oder in der Natur – schaffen, an dem er möglichst jeden Tag für einige Minuten zur Ruhe kommen kann. Mag der Alltag auch mit noch so vielen Pflichten angefüllt sein, es findet sich, bei ernsthaftem Bemühen, in jedem Leben Zeit für Momente des Rückzugs.

Wer eine Meditationsweise erlernt hat, verfügt über einen einfachen Weg in die Stille. Es ist nicht entscheidend, welchen meditativen Pfad der Einzelne einschlägt, solange er frei von den einschränkenden Vorgaben irgendeines Lehrers bleibt. Jeder Meditationsweg ist individuell; denn auch in der Versenkung beschreitest du den pfadlosen Weg zur QUELLE. Es ist bedeutungslos, ob man eine Kerze anzündet oder ein Räucherstäbchen, ob man ein bestimmtes Ritual durchführt oder nicht. Alle äußeren Formen sind vergänglich. Ihr Nutzen mag allein darin liegen, die äußere Welt für eine Weile auszuschließen.

Die Meditation ist für die meisten Menschen empfehlenswerter als das Gebet, da diese sie leichter in die Tiefe führt. Sie überschreitet die Welt der ichhaften Gedanken und führt in ein lichtvolles Reich der Stille.

Nur wer seine Persönlichkeit im Gebet völlig aufzugeben vermag, wird wahrhaft einen segensreichen Dialog mit der höheren WIRKLICHKEIT führen. Stille ist nicht Einsamkeit. Stille ist Dialog. Es ist die beglückende Begegnung mit dem GÖTTLICHEN DU.

Das DU begegnet dir vielleicht auch in einem geliebten Menschen, wenn das Göttliche in ihm offenbar geworden ist – oder wenn du es in ihm erwecken konntest. Und sei es auch nur für dich wahrnehmbar.

Selbst in einer Blume könnte das Göttliche dir begegnen – wenn es sich durch sie offenbaren möchte. Denn wo könnte der GEIST nicht offenbar werden, da er doch weht, wo er will.

Zeigt er sich in der Stille – so ist es GNADE.«

Über die Gnade

»Es gibt nichts Schwereres, als über die Gnade zu sprechen. Auch unter meinen Brüdern und Schwestern herrscht Uneinigkeit über das wundersame Wirken der Gnade. Es gibt Brüder, die auf dem Standpunkt stehen, das GESETZ sei die einzige Grundlage des Seins. Alles widerfährt dir gemäß der Macht des Gesetzes. Das Gesetz ist gütig, weise und absolut gerecht.

Aber dennoch: Mit einigen meiner Schwestern bin ich der Überzeugung, dass das Gesetz nicht das letzte Mysterium der Schöpfung ist. Ich habe mehrfach ein LICHT erlebt, das so gänzlich anders ist als das Licht, das jene Reiche durchdringt, die zu erleben uns gewährt ist. Es scheint mir, als entspringe dieses LICHT direkt der QUELLE. Doch es ist so geheimnisvoll, dass ich ihm nicht an seinen Ursprung zu folgen vermag. Es verhüllt und verbirgt sich mir; und auch jene meiner Schwestern, die es gleich mir erschauten, vermochten ihm nicht an seinen Urbeginn zu folgen.

Seine Wirkung jedoch zu beobachten, ist ein wundervolles Geschenk. Dieses LICHT der GNADE, so will ich es nennen, verwandelt unmittelbar und vollkommen. Es besitzt die Fähigkeit, selbst den dichtesten Schatten aufzulösen – ohne auch nur einen Hauch davon im Dasein zu belassen.

Alles, was dieses GNADENLICHT berührt, wird selbst zu Etwas, das ausstrahlt und weitere Verwandlungen auslöst. Ich kenne die Kraft der Verwandlung, die auf dem gesetzmäßigen Weg der Entwicklung allen Lebens geschieht. Sie gleicht einer wunderbaren Transformation, einem wahrhaften Aufstieg in eine höhere Sphäre des Lebens.

Das GNADENLICHT jedoch wirkt gänzlich anders. Ich besitze nicht die Gabe, es in Worte zu kleiden, weshalb die meisten Brüder es für eine Auswirkung des GESETZES halten, doch das ist es nicht. Es ist das ganz ANDERE.

Ich bin mir allerdings vollkommen bewusst, dass die Gnade nicht die GNADE wäre, vermöchte ich sie zu verstehen und zu erklären. Dann wäre sie das GESETZ – doch das ist SIE nicht!«

… Über die Weiblichkeit

Elision hatte mir offensichtlich meine Verblüffung angesehen, dass es unter den Wesen in den höheren Welten in einer so wichtigen Frage Meinungsverschiedenheiten gab. Daher machte sie mich umgehend auf ein großes Missverstehen in meiner Weltsicht aufmerksam.

»Peter, du studierst seit Jahrzehnten die uralte Weisheitslehre und hörst auch mir schon seit einigen Tagen aufmerksam zu. Wie kannst du nur glauben, in den höheren Lichtreichen gäbe es so etwas wie eine »finale Wahrheit«? Natürlich gibt es zwischen uns keine Diskussionen über die großen Lebensgesetze und über die vielfältigen Entwicklungslinien der Schöpfung. Wir können Vieles erkennen, und ich kann dir den größten Teil davon in dein Bewusstsein einprägen. Aber bitte vergiss nie: Auch wir sind Wesen in der Verwandlung! Wir entwickeln uns und dürfen ständig neue Einsichten gewinnen. Auch wir stehen nicht alle auf derselben Stufe der unendlichen Entwicklungsleiter des Lebens. Wir lernen voneinander und inspirieren einander.

Wenn du einen vorurteilsfreien Blick auf deine Mitmenschen wirfst, so wirst du natürlich, bei aller Gleichheit des Menschlichen im Allgemeinen, einen inneren Unterschied zwischen Frauen und Männern bemerken. Das Weibliche hat einen intuitiveren Zugang zur WIRKLICHKEIT. Das männliche und das weibliche Prinzip spiegeln auf Erde eine kosmische Ur-Polarität wider. Das irdische Symbol des Yin/Yang drückt dies bildhaft sehr schön aus. Es sind zwei Hälften, die eine Einheit bilden. Die Einheit ist vielleicht das bedeutsamere Moment; aber es bleiben doch die zwei Hälften.

Ich glaube, das Yin-Prinzip hat eine andere Art des Verstehens. Es erfasst Sachverhalte auf eine besondere Art und Weise, die ich ein »inneres Verschmelzen« nennen möchte. Es gibt kein besseres oder schlechteres Verstehen – aber es gibt Unterschiede.

Vielleicht bedarf es des weiblichen Urprinzips, um das Mysterium der GNADE zu erfassen. Es kommt mir so vor, als ob das GNADENLICHT in die Weiblichkeit eingestrahlt wird, um von ihr in die Schöpfung geboren zu werden. Das Yang-Prinzip vermag es zu verstehen, wenn es von ihm berührt wird; es ist aber nicht dazu berufen, es hervorzubringen. In seiner Tiefe ist das Mysterium des Weiblichen ähnlich unergründlich wie jenes der Gnade. Gelingt es dir nicht, es zu erspüren, liegt es nicht in meinen Möglichkeiten, es dir zu erklären. Es sagt sich nicht.«

Über das Vergleichen

Bei ihren letzten Sätzen war mit den Gesichtszügen Elisions eine berührende Verwandlung einhergegangen. In all den Tagen hatte sie auf mich wie eine liebevolle, aber strenge Lehrerin gewirkt. Bei ihren Ausführungen über das weibliche Prinzip hatten sich ihre Züge und ihr ganzes Wesen in eine bezaubernde Frau verwandelt. Ich muss sie verblüfft und bewegt betrachtet haben, denn sie brach in ein fröhliches Lachen aus, ehe sie wieder zu sprechen begann.

»Oh, oh! Ich habe also nicht nur einen Schüler neben mir sitzen, sondern auch einen Mann! Was du eben erschaut hast, war die Auswirkung des Gesetzes, wonach Denken und Sein dasselbe sind. Diese Form, die du hier neben dir siehst und die du mit dem Namen Elision bezeichnest, ist eine Verkörperung des weiblichen Prinzips. Wenn ich mich in der irdischen Form, die ich angenommen habe, mit dem Yin-Prinzip identifiziere, dann nimmt diese Form ausgeprägt weibliche Züge an – wie innen so außen!

Wenn du über die Unterschiede zwischen den Geschöpfen im Licht nachdenkst, dann beginnst du zu vergleichen. Das ist ein falscher Schritt. Vergleichen führt umgehend zum Bewerten – und Bewerten trennt. In unserer Welt gibt es jedoch keine Trennung. Es gibt nur Vielfalt in der Einheit.

In deiner noch unerwachten Welt führt das Vergleichen nicht nur zur Trennung, sondern es endet oft in Gewalt. Werden Kinder von Eltern verglichen und bewertet, endet dies zwangsläufig in Zurücksetzung und Verletzung. Werden religiöse Bekenntnisse verglichen, entstehen daraus Trennungen, Konflikte und – häufig gewaltsame – Auseinandersetzungen.

Vergleichen sich Partner, Freunde oder Liebende, führt auch dies zur Unterscheidung, zur Bewertung und oft zur Trennung.

Unterschiede müssen nicht übersehen werden. Es kann durchaus sinnvoll sein, zwei Produkte zu vergleichen und das bessere zu erwerben. Aber vergleiche niemals das LEBENDIGE! Der Geist, der im Menschen eine gewisse Form der Selbstoffenbarung erlangt hat, ist stets einzigartig. Wenn ein Du einem anderen Du begegnet, so kann im Idealfall eine Offenbarung des Göttlichen einer anderen begegnen. Dies kann sich aber nur ereignen, wenn beide die andere Ausdrucksform des Göttlichen erleben möchten. Diese Begegnung, die dann zur Beziehung wird, kann sich jedoch nicht vollziehen, wenn die Beteiligten sich vergleichen, sich messen und dann beurteilen. Im Vergleichen stirbt das Licht der Begegnung.«

Über das Mitgefühl

Während Elision sprach, hatte sich eine kleine Kohlmeise unserer Bank genähert. Sie war herangeflogen, zog einige Kreise um uns und ließ sich dann direkt neben Elision nieder. Als sie auf der Bank hin und her trippelte, konnten wir sehen, dass eines der kleinen Füßchen verletzt war. Irgendwo hatte das kleine Gelenk Schaden genommen. Die Meise war zwar mutig, hielt aber noch immer einen kleinen Sicherheitsabstand zu Elision. Mit intuitiver Gewissheit erahnte der kleine Flieger wohl, von welcher Seite ihm möglicherweise Hilfe zuteil werden könnte.

»Du bist mir ja ein kleiner Held«, sprach Elision die Meise an. Dann drehte sie ihre rechte Handfläche dem Vogel zu und schloss für einige Momente die Augen.

Die Meise hörte auf zu trippeln und hielt ihr kleines Köpfchen im Abstand von wenigen Zentimetern aufmerksam auf Elision gerichtet. Als diese wieder die Augen öffnete, hüpfte auch die kleine Kohlmeise auf, und es war deutlich zu sehen, dass sie wieder beide Füßchen ohne Beeinträchtigung benutzen konnte. Sie schwang sich in die Luft, drehte noch eine fröhliche Runde um uns und flog vergnügt tschilpend davon.

»Diese kleine Heilung ist nichts Besonderes, vor allem dann nicht, wenn sie ein Tier betrifft, das uns so vorbehaltlos vertraut hat.

Tiere sind sehr feine Beobachter. Sie spüren unmittelbar, ob ein Mensch über Mitgefühl verfügt oder nicht. Mitgefühl ist der alleinige Schlüssel zur Heilung. Niemand wird je zu einem guten Arzt oder Heiler werden, wenn er nicht über tiefes Mitgefühl verfügt. Es geht natürlich nicht um Mitleid, das niemandem hilft, sondern um ein aufrichtiges Mitempfinden des Leidens eines anderen Wesens.

Das Mitgefühl öffnet zwei Wege – einen nach oben ins LICHT, einen anderen zum Gegenüber. Für ein erkrankes Geschöpf stellt das Mitgefühl einen Ausdruck der Gnade dar, denn mit Hilfe des Mitgefühls wird der Schatten in der Krankheit transformiert und erlöst. Der Erkrankte selbst empfängt die Heilung gleichsam als Geschenk. Wenn er das Geschenk mit Dankbarkeit entgegennimmt, bleibt ihm der Segen erhalten.

In solchen Momenten wird dann von einigen Brüdern wieder die Frage aufgeworfen, dass es doch kein Zufall sei, dass Patient und Heiler in einem bestimmten Augenblick in der Zeit zusammenträfen. Also wirke auch hier das GESETZ. Dem stimme ich gerne zu, doch was ist mit dem Heilungsgeschehen an sich? Ist die Verwandlung der Krankheit durch das Mitgefühl nicht doch ein Wirken der Gnade?«

Über die Dankbarkeit

»War die kleine Meise dir dankbar dafür, dass du ihr verletztes Füßchen geheilt hast?« Ich konnte mir nur schwer vorstellen, dass sich dieses typisch menschliche Konzept einer Gefühlsregung auch auf das Tierreich übertragen ließ.

»Oh ja, natürlich. Sie hat sich äußerst liebevoll bei mir bedankt. Wenn du die zarten Gedankenformen der Meise hättest beobachten können, wären dir die wunderschönen Schwingungen aufgefallen, welche die Dankbarkeit auslöst.

Dankbarkeit ist ein universelles Prinzip, das eine Verbindung von Herz zu Herz herstellt. Wir alle sind immer wieder einmal in der Situation, dass wir der Hilfe eines anderen bedürfen. In diesen Momenten geht es um Bitten und Danken, zwei Eigenschaften, die sehr viel mit der Charakterentwicklung eines Wesens zu tun haben.

Jede Bitte ist eine Geste der Demut. Sie prägt sich wie ein kleiner funkelnder Edelstein in dein geistiges Feld ein und ist sichtbar für jeden, der Augen dafür hat.

Auch die Dankbarkeit lässt dein inneres Wesen aufleuchten und schenkt dir einen kleinen Lichtfunken, der ein wenig zu deiner Reifung beiträgt.

Doch die Dankbarkeit ist nicht nur ein Geschenk zwischen zwei Menschen – einem Bittenden und einem Gebenden. Dankbarkeit sollte man darüber empfinden, in einem Körper leben und geistig wachsen zu dürfen. Dankbarkeit sollten wir für Sonne und Regen empfinden, die Getreide, Obst und Pflanzen reifen lassen, um uns zu ernähren.

Die Menschheit nimmt allzu vieles als selbstverständlich an. Schaue einmal in die Familien oder in das alltägliche Leben: Wie oft wird noch gedankt. Dabei geht es zumeist gar nicht darum, dass der Gebende einen Dank einfordert, sondern die Fähigkeit zum Danken würde zum Segen für den, der den Dank ausspricht.

Dankbarkeit ist ein wichtiger Schlüssel zum inneren Wachstum. Sie öffnet das Herz und gestaltet das Leben liebevoller.«

Über Askese und Genuss

»Vielleicht mag dir manches, was ich über deine Erdengeschwister sage, etwas zu streng klingen. So als lehnten wir alle eure kleinen Vergnügungen ab und verlangten nur nach Einkehr, Rückzug, Entsagung und Meditation. Das ist keineswegs der Fall!

Sei versichert, dass in unseren Sphären eine ausgeprägte Lebensfreude herrscht. Wir lieben es zu lachen und verstehen es auf unsere Art sehr, das Leben zu genießen. Ich kann es dir nur ungenügend beschreiben, weil dein Verständnis vollständig durch die Sinneswahrnehmungen geprägt ist.

Die menschlichen Sinne sind das Ergebnis vieler Verwandlungen. Sie ermöglichen es den Erdenwesen, vielfältige Erfahrungen auf vielen verschiedenen Ebenen zu sammeln. All dies ist gut und im großen PLAN so vorgesehen. Klug wäre es allerdings, alle Sinnesfreuden mit Maß zu genießen. Es gilt auch hier die Weisheit des »Mittleren Pfades«. Was der Mensch unterdrückt, wird sich umso machtvoller Bahn brechen. Daher begrüßen wir den Weg der Askese nicht.

Wer sich im Übermaß der Sinneslust hingibt, verschwendet seine Lebenskraft nur in eine Richtung. Er wird den daraus folgenden Mangel eines Tages schmerzhaft empfinden.

Auch die Brüder und Schwestern fördern alle Bestrebungen, die das Leben ihrer Erdengeschwister erleichtern. Sie bemühen sich jedoch, die Hierarchie der Werte zu beachten. Kein Mikroskop und kein Teleskop hat auch nur einen Menschen gütiger und liebevoller gemacht. Keine technische Erfindung trägt auch nur das Geringste zum *geistigen* Wachstum der Menschheit bei. Für allzu viele jedoch ist die Technik zum Götzen geworden. Ihnen sei gesagt, dass ein Computer nicht den gestirnten Himmel zu bewundern vermag und die elektronische Kommunikation die Begegnung von Herz zu Herz nicht ersetzen kann. Die Menschen gleichen manchmal Kindern, die ihre Spielzeuge nicht aus den Händen legen können.

Erfreue dich an allem, was die Erde dir an Schönem zu bieten hat. Genieße es mit Bedacht und hänge dich nicht daran. Alle Sinnesgenüsse sind vergänglich und werden dereinst von verfeinerten abgelöst – die wiederum ebenfalls vergänglich sind.«

Über den Tod

Die Sonne versank langsam hinter den Bergen im Westen, gleichsam ein Sinnbild für die Vergänglichkeit, von der gerade die Rede war. Von daher verwunderte es mich nicht, als Elision sagte, sie wolle noch über den Tod sprechen.

»Der Tod ist der größte Heiler der Menschheit. Er ist ihr treuester Freund und edelster Helfer. Warum aber heißt es dann auf Erden, der Tod sei der »Sünde Sold«? Nun, beides entspricht der Wahrheit.

Diese Menschheit steht auf einer Entwicklungsstufe, die gerade erst begonnen hat, die dichtesten Ebenen der materiellen Welt zu durchlichten. Dieses Unterfangen ist mühevoll und kraftraubend. Wenn die Seele in einen dichten, schwerfälligen Körper eintritt, verliert sie nicht nur ihr geistiges Wissen, sondern auch ihre himmlische

Leichtigkeit. Sie gleicht einem Taucher, der in einem schweren Anzug in eine altertümliche Taucherglocke eingeschlossen wird. Es wird dem Taucher nicht möglich sein, mit einer Feder auf ein Blatt zu schreiben. Trotzdem kann er sein Werk verrichten. Um sich von dieser anstrengenden Arbeit zu erholen, bedarf die Seele der Ruhezeiten. Sie legt ihren schweren Umhang ab und kehrt zurück in lichtere Sphären. Ohne diese Zeiten der Ruhe und der Erneuerung der Kräfte könnte das Werk in materiellen Welten wie der Erde nicht vollbracht werden. Daher nenne ich den Tod einen Freund und Heiler.

Der Tod kommt nie schmerzvoll. Was die Menschen leiden sehen, ist nur ein physisches Elemental, aber nicht der wahre MENSCH. Wohl gemerkt, ich spreche vom Sterben, nicht von einer langen Krankheit, die zum Tode führen kann.

Wenn der »Engel des Todes« naht, spüren die Menschen seine heilige Gegenwart, sofern es kein plötzlicher Tod durch einen Unfall oder eine Naturgewalt ist. Der Engel wird die Silberschnur trennen, welche die Seele mit der irdischen Hülle verbindet. Befreit von aller Erdenschwere, wird er den Bruder oder die Schwester in Empfang nehmen und mit ihm oder ihr zurückkehren in jenes Reich, aus dem sie kamen, bevor sie ihre irdische Reise antraten. Der Mensch wird nicht verwandelt in ein himmlisches Lichtwesen, sondern er bleibt der, der er war. Wie auf Erden, so im Himmel, lautet das Gesetz.

Wenn die Seele ihre Aufgabe erfüllt hat, derentwegen sie in die Inkarnation getreten ist, so wird sie mit großer Freude begrüßt. Sie hat einen weiteren Schritt hin zur großen Verwandlung getan.

Sie wird gemeinsam mit ihren lichten Helfern Rückschau halten über die zurückgelegten Wege und selbst beurteilen, wie sie ihr vergangenes Erdenleben verbracht hat. Sie selbst wird ihr eigener Richter sein und erkennen, wo sie recht gehandelt hat und wo sie fehlgegangen ist. Sie wird das Gute aufbewahren und das Schlechte im Buch ihrer Leben vermerken, um es dereinst zu meistern. Es ist eine grenzenlose Geduld im LICHT mit allen Wesen, die aus den Reichen des Schattens zurückkehren.

Nach einer Zeit der Ruhe wird die Seele beginnen,

Vorbereitungen für einen neuen Abstieg zu treffen. Sie wird ihre Fähigkeiten und Begabungen sammeln, wird ihre kommenden Aufgaben auswählen und Bilder jener sehen, mit denen sie in Liebe verbunden sein wird, sowie jene, denen gegenüber sie noch etwas auszugleichen hat.

Das Jenseits ist nur die andere Seite des Daseins, und in Wahrheit müssten die Erdenmenschen erkennen, dass der Tod die eigentliche Geburt ist, während die Geburt in Wahrheit ein Sterben der himmlischen Wirklichkeit bedeutet.

Du magst dich fragen, ob dieser Wechsel zwischen Diesseits und Jenseits ewig währt, stets verbunden mit dem Verlust der himmlischen Leichtigkeit und Weisheit. Nein, er wird einst ein Ende finden – und dieses Ende ist nicht mehr sehr weit entfernt. Wenn die Mauern der Schatten allmählich vom LICHT durchdrungen werden, wird sich der Segen aus unseren Welten ohne Einschränkung auf die Erde ergießen können. Es wird eine neue Zeit anbrechen, in der Himmel und Erde wieder vereint sind – und der Tod wird nicht mehr sein!«

Über die Blumen

Elision hatte mich am Vorabend gebeten, sie am nächsten Morgen um 10 Uhr an der Allmendhubel-Bahn zu treffen, um, wie sie schmunzelnd hinzufügte, auch »meinen Berg« zu besuchen. Als ich an der Talstation der kleinen Zahnradbahn eintraf, musste ich ein Lachen unterdrücken. Vor dem Eingangshäuschen stand eine perfekt ausgerüstete Bergtouristin: Blaue Hose, braune Jacke, Bergstiefel und Sonnenbrille.

»Du brauchst gar nicht so zu schauen«, drohte sie mir lachend mit dem Finger. »Wir werden hier in den Bergen auch die »kleinen Gesetze« beachten. Wenn ich hier ein wenig Herumlevitieren würde, sähe man das in meiner Welt gar nicht gerne. Nur wenn es sich nicht vermeiden lässt oder wenn wir jemandem in eurer Welt zu Hilfe kommen wollen, dürfen wir die Gesetze der materiellen Ebene außer Kraft setzen. Und nun lass uns »deinen Hubel« besuchen.«

Die Zahnradbahn brachte uns in wenigen Minuten auf das Hochplateau unterhalb des Schilthorns. Auf nahezu zweitausend Metern Höhe bietet sich dem Besucher ein wunderbarer Blick auf die im Juni noch immer tief mit Schnee bedeckten Gipfel des Berner Oberlandes. Wir wandten uns nach links und folgten dem »Flower-Trail«. Offensichtlich haben wir Schweizer Probleme mit unserer Sprache, oder wir gehen davon aus, dass ohnehin der größte Teil der Besucher Englisch sprechende Touristen sind. Der »Blumen-Pfad« war übersät mit Enzianen, die in größeren oder kleineren Familien die Almwiesen verschönten und ihre Kelche den wärmenden Strahlen der Sonne öffneten.

»Du bist auch ein Enzian«, erwähnte Elision beiläufig, während wir uns auf eine Bank setzten, die seitlich einen Blick auf die beiden Talwege nach Mürren bot, während vor uns die Schneegipfel in der Sonne leuchteten.

Gelegentlich zogen einige Bergwanderer an uns vorbei und grüßten freundlich, wie es in diesem Teil der Welt üblich ist. Sie hatten natürlich keine Vorstellung davon, dass die freundliche Frau neben mir nicht im Geringsten dem entsprach, was sie zu sehen schienen. Und gerade hatte sie ganz selbstverständlich angemerkt, ich sei ein Enzian. In der Tat war der Enzian meine Lieblingsblume, und es war offensichtlich völlig natürlich, dass Elision dies wusste.

»Jede Blume verkörpert einen geistigen Aspekt, manche sogar etwas, was ich als eine »göttliche Idee« bezeichnen würde. Der Enzian steht für geistige Klarheit, Zuverlässigkeit, Treue und Mut. Du bist also hier oben, mit deinen Enzianen, genau in deiner persönlichen Grundschwingung.«

Damit hatte sie zweifelsfrei recht. Der Allmendhubel gehörte zu meinen Lieblingsplätzen auf der Erde, und es war tatsächlich eine seltsame Synchronizität, dass ich gerade diesen Namen trug. Im späten Frühjahr besuchte ich diese Hochebene besonders gerne, wenn die Enziane und alle anderen Bergblumen in voller Blüte standen.

»Die Blume, die einem Menschen zugeordnet ist, zeigt sich über seinem Herz-Zentrum. Es gehört also keine große geistige Arbeit dazu, um herauszufinden, welche aus der bunten Schar einem Menschen zugeordnet ist. Wenn jemand dir sagt, welches »seine Blume« sei, und du die Symbolsprache der Blumen verstehst, weißt du unmittelbar, mit wem du es zu tun hast.

Interessanterweise nehmen viele schöne Gedankenformen eine Blumengestalt an: Tiefe spirituelle Hingabe kann sich als dein Enzian zeigen. Eine scharfzackige gelb-rote Tulpe, wie du sie auf dem Weg zur Zahnradbahn sahst, tritt bei gut ausgebildeter Intelligenz mit sinnlichem Einschlag auf. Und so ließe sich die Reihe noch lange fortsetzen.

Blumen sind eine Offenbarung der Schönheit. Die Naturwesen, die für ihre Gestaltung und Pflege tätig sind, nutzen viele reine und liebevolle Gedankenenergien, um ihre zarten Schützlinge besonders prächtig zu gestalten. In der Erdensphäre gehören die Blumen mit zum Reinsten, was sich in ihr zu offenbaren vermag. Die Kräfte, die zu ihrer Gestaltung verwendet werden, kommen aus einer sehr hohen, vom LICHT erfüllten Sphäre.

Es entsteht stets ein Segen für jene, die in der Natur oder in großen Parks und Gärten sich bewusst in die Betrachtung der Blumengeschöpfe vertiefen. Sie strahlen etwas von der Herrlichkeit ihres geistigen Ursprungs auf den Betrachter aus und verankern so manchen Lichtfunken in ihm, der seinen zukünftigen Weg zu erhellen vermag.«

… Über die Tiere

Während Elision über die Blumen sprach, huschte ein zierliches dunkelbraunes Eichhörnchen emsig an unserer Bank vorbei. Für einen Moment hielt es sogar unter uns inne, um dann wieder munter davonzuhüpfen. Man hörte auch das Pfeifen der Murmeltiere, ohne diese scheuen Burschen allerdings zu Gesicht zu bekommen. Überall erklang das laute Bimmeln der Kuhglocken, und auf dem Hang oberhalb von Mürren, neben dem steilen Weg zur Schilthorngrat-Hütte, graste eine Schafherde, die ohne Unterlass ihr Mähen ertönen ließ.

»Die Tiere nehmen in ihrer Duldsamkeit dem Menschen viel mehr Lasten ab, als dieser auch nur zu erahnen vermag. Viele von ihnen geben ihr Leben hin, um dem Menschen als Nahrung zu dienen – der weitaus größte Teil unter unerträglichsten Umständen.

Jene Tierseelen aber, die dem Menschen nahestehen, ziehen viele Schattenanteile aus seiner Persönlichkeit auf sich und tragen sie mit bewundernswerter Opferbereitschaft. Nahezu alle Krankheiten, die du bei Hunden, Katzen oder Pferden vorfindest, haben etwas mit ihren Besitzern zu tun. Vieles übernehmen die Tiere unbewusst, manches wird von den großen Engelwesen beeinflusst, die über dem Tierreich wachen.

Du kannst das gleiche Prinzip auch bei eurem Baumsterben erkennen. Die Bäume ziehen, unter der Leitung hoher Baumgeister, Schadstoffe aus der Umwelt in sich hinein und verwandeln sie. Für viele ist diese Belastung jedoch zu groß, und ihre Form ist dann dem Verfall preisgegeben.

Blumen, Pflanzen und Tiere sind Zwischenreiche auf dem Pfad der Verwandlung der gefallenen Geistfunken. Selbst eure Physiker gebrauchen inzwischen Formulierungen wie: »Materie ist gefrorener Geist.« Das ist eine wahre Einsicht. Pflanzen und Tiere sind die ersten Reiche, in denen die Erstarrung wieder aufgehoben ist.

Da sie noch nicht zu einem klaren Selbstbewusstsein erwacht sind, dienen sie voller Demut dem GESETZ. Der Mensch sollte alle Kraft aufbringen, sie zu pflegen und zu schützen. Manche Tierseele steht in ihrer inneren Lieblichkeit bereits über den gröberen Menschenwesen. Sie wird einstmals bewusst in den Strom der Verwandlung auf einer höheren Stufe eintreten als der heutige Erdenmensch. Wenn du ihre Liebe, ihre Treue und ihren Mut sehen könntest, so wie ich sie sehe, du würdest zutiefst berührt sein.«

… Über den Mut

»Ich will diesen Punkt zum Anlass nehmen, um einige Worte über Treue und Mut anzufügen. Seltsamerweise verwechseln die Menschen in der Regel Mut mit Tollkühnheit oder Abenteuerlust. Sie sprechen vom Mut, mit dem sich ein Skifahrer in Höchstgeschwindigkeit einen Hang hinunterstürzt. Sie bewundern den Mut, ohne Sauerstoff auf die höchsten Gipfel zu klettern oder alleine eine Wüste zu durchqueren. Dies alles mögen Leistungen sein, welche die menschliche Norm übersteigen und nicht alltäglich sind. Mit Mut in dem Sinne, wie ich ihn verstehe, haben sie nichts zu tun.

Mut ist erforderlich, um sich seinen eigenen Schwächen entgegenzustellen und sie zu überwinden. Mut ist gefragt, wenn es gilt, sich für Menschen einzusetzen, die unterdrückt oder misshandelt werden. Mut bedarf es, für die Rechte von Minderheiten zu kämpfen oder für Andersgläubige, die verfolgt werden, nur weil sie eine Idee oder Vorstellung von dem EINEN haben, die von jener abweicht, der die Mehrheit anhängt.

Der größte Mut ist jedoch gefragt, wenn es gilt, sich dem Schatten entgegenzustellen. Alle äußeren Feinde mögen machtvoll und grausam sein – doch sie sind sichtbar. Die Wesen des Schattens gehören zu den unsichtbaren Feinden – und manche haben ihre Behausung im Menschen selbst gefunden.

Der Kampf gegen Hass, Gier, Neid oder Eifersucht ist unendlich schwieriger als der Kampf gegen Naturgewalten oder Intoleranz. Die Legionen der Schatten kommen aus der Dunkelheit und nutzen jede Unachtsamkeit, um ihre verhängnisvolle Saat zu säen. Wer auch nur die geringsten Anzeichen von negativen Charakterzügen in sich erkennt, sollte sofort mutig den Kampf aufnehmen, um sie zu überwinden.

Auch wer andere wegen dieser Eigenschaften kritisiert und verurteilt, sollte einen Blick in den Spiegel der Seele werfen, ob sie nicht längst Wohnstatt in ihm selbst gefunden haben. Mutig ist jeder, der sich der Einflussnahme dieser Schattenmächte entgegenstellt.«

Über die Treue

»Als ich den Mut der Tiere erwähnte, hob ich auch ihre Treue hervor. Auch in dieser Hinsicht können die Menschen von ihren jüngeren Geschwistern lernen. Da alles Leben mit allem verbunden ist, bleibt überall in dieser EINHEIT Raum für Erkenntnis. Die Treue eines Tieres, das sein Herrchen oder Frauchen über Jahre begleitet, Freud und Leid mit ihm teilt oder manchmal sogar sein Leben rettet, ist in der Lage, genau diese Eigenschaften in ihnen zu beleben.

Wir haben beobachtet, dass in eurer Welt das Wort Treue inzwischen als altmodisch gilt. Einem Ideal oder einer Gemeinschaft Treue zu erweisen, wird als nicht mehr zeitgemäß empfunden. Dafür wird das Wort in eurem Beziehungsleben häufig in seiner negativen Fassung gebraucht – jemand ist »untreu« gewesen. Damit ist dann gar nicht einmal zum Ausdruck gebracht, dass der oder die Betreffende einem Menschen nicht mehr die Treue hält, sondern es geht um die Abwertung des Tatbestandes, dass die Treue vielleicht mehr als einem Menschen versprochen wird.

Treue ist eine wundervolle Eigenschaft, wenn sie in ihrer »altmodischen Fassung« zum Ausdruck kommt. Dann beinhaltet sie, dass ein Mensch einen anderen auf seinem Lebensweg begleitet, ihm hilft und in allen Krisen zur Seite steht. Er tut dies, weil der Andere *da ist*, nicht, weil er *so ist*.

Treue hat nicht das Geringste mit der Art einer Beziehung zu tun, seien es Liebespartner, Eltern und Kinder, Geschwister oder Freunde. Treue schaut niemals auf die Form einer Beziehung, die sich verändern mag, sondern auf den Inhalt – auf den Menschen, den sie betrifft.

Glücklich darf sich jeder schätzen, der ein Wesen gefunden hat, auf dessen Treue er sich verlassen kann. Dabei beziehe ich jene mit vier Beinen ausdrücklich mit ein.

Die Treue ist in ihrem Versprechen, da zu sein, wann immer der Andere einen benötigt, eines der größten Geschenke, die in eurer Welt gegeben werden können.«

Über die Rechthaberei

Elision wurde in ihren Ausführungen für einen Moment unterbrochen, als ein Paar den Weg vom Schilthorn herunterkam und in einem heftigen Streit befangen war. Beide hatten eine Wanderkarte in der Hand und schrien einander an, offensichtlich jeder in der Überzeugung, der Andere sei im Unrecht bezüglich des eingeschlagenen oder einzuschlagenden Weges. Wir konnten sie noch immer streiten hören, als sie längst links von uns den Abstieg nach Mürren über den Höhenweg genommen hatten.

»Es ist nicht die Schlimmste aller menschlichen Untugenden, aber bemerkenswerterweise die am häufigsten auftretende. Weil die Rechthaberei den Alltag in den vielfältigsten Situationen belasten kann, sollte diesem Übel unbedingt mehr Aufmerksamkeit gewidmet werden. Die Gedankenformen, welche sich um die beiden Wanderer herum gezeigt haben, waren alles andere als erfreulich. Zum Glück werden sie von dem reinen Energiefeld hier oben sofort aufgelöst, aber wenn du in einen solchen Streit in einem Büro, einem Geschäft oder einer Wohnung gerätst, wirst du viel Mühe haben, um dich von diesem vergiftenden Einfluss fernzuhalten.

Es ist eine uralte Erkenntnis: Man kann nicht gleichzeitig glücklich sein und immer recht behalten wollen!

Rechthaberei und Besserwisserei sind die jüngeren Geschwister des Stolzes. Es steckt hinter beiden immer eine Überheblichkeit oder ein Unterlegenheitsgefühl. An jeder dieser Charaktereigenschaften gilt es zu arbeiten. Auch wenn sie natürlich weniger schädlich sind als Hass, Neid oder Gier, so trüben sie doch das menschliche Energiefeld in erheblichem Maße ein.

Es trägt sehr zum zwischenmenschlichen Wohlbefinden bei, einmal zurückhaltend zu sein und seine persönliche Meinung nicht sofort vehement einzubringen. Die Frage, wer in den zahllosen, oft unbedeutenden Situationen des Alltages das »Recht« auf seiner Seite hat, sollte zurücktreten hinter der Absicht, die Idee der Harmonie in den Vordergrund zu rücken. Damit ist nicht gemeint, einem notwendigen Konflikt immer feige auszuweichen, sondern es geht darum, die Bereitschaft, in wichtigen Fragen für seine Ideale einzustehen, nicht im alltäglichen Kleinkrieg zu erschöpfen.«

Über den Zorn

»Wenn Rechthaberei und Besserwisserei die jüngeren Geschwister des Stolzes sind, so stellt der Zorn seinen älteren Bruder dar.

Wenn du sehen willst, klar und ganz unverhüllt, wie die Wesen des Schattens wirken, so betrachte einen Menschen, der allmählich von der Rechthaberei zum Verärgertsein und in letzter Konsequenz zum Zorn wechselt. Du kannst hier in aller Deutlichkeit sehen, wie eine dunkle Saat allmählich aufgeht und verdorbene Früchte hervorbringt.

Es gibt nur einen Weg, um der Falle des Zorns zu entgehen – das achtsame Innehalten. Die Schattenkräfte können nur erfolgreich sein, wenn es ihnen gelingt, ihre Kette der schädlichen Impulse ununterbrochen fortzusetzen. Im Innehalten und Anschauen sehen sie die Gefahr, dass der Zornige den Anlass seiner Erregung für einen Moment mit Abstand betrachtet – und in diesem Moment kann schon die Niederlage der dunklen Kräfte beschlossen sein. Achtsamkeit ist der natürliche Feind des Zorns. Keinen Gegner fürchten die Schattenwesen mehr als diesen.

In den uralten Zeiten trugen die Herrscher zwei Kugeln in der Hand, die für Geduld und Achtsamkeit standen. Bevor sie eine Entscheidung trafen, bewegten sie die Kugeln durch alle fünf Finger ihrer Hände. In dieser Zeit fanden sie die Muße, um den Streit, der vor sie getragen wurde, weise zu entscheiden.

Zorn führt zu unbedachtem Handeln, dessen Auswirkungen manchmal über lange Zeiträume wie Schatten über demjenigen liegen, der seinen Einflüsterungen verfiel.

Selbst wenn du nur einen Raum betrittst, in dem kurz zuvor Zorn und Wut ihr Unwesen getrieben haben, so wirst du schaudernd zurückschrecken vor der furchtbaren Atmosphäre, die sie zurückgelassen haben.

Achtet auf eure Worte und eure Gedanken. Was der Zorn zerstört, wird eine lange Zeit des Neuaufbaus erfordern.«

Über die Hoffnung

Es hätte kaum passender sein können, doch während der letzten Worte von Elision hatte sich eine dunkle Gewitterwolke über den Allmendhubel geschoben und entließ, schneller als wir es erwartet hatten, ihre feuchte Füllung über dem Plateau. Wir rannten fast den Hügel hinab, um im Bergrestaurant vorübergehend Unterschlupf zu finden.

Es war ein spektakuläres Bild: Die Berge links und rechts von uns lagen noch in der Sonne, während sich über uns und dem Tal ein wahres Unwetter entlud. Das Ganze dauerte vielleicht zwanzig Minuten, dann war die Gewitterfront weitergezogen, und unter uns, von Wengen bis weit über Mürren heraufsteigend, hatte sich ein strahlender Regenbogen gebildet, der im Halbkreis das ganze Tal überspannte. Alle Farben des Spektrums schimmerten und glitzerten in einem geradezu überirdischen Glanz.

»Der Regenbogen wird seit dem Anbeginn der Zeiten als Zeichen der Hoffnung und des Neubeginns gesehen. Wie armselig ist es doch, ihn durch Lichtbrechung und ähnliche profane Erklärungen zu entweihen. Jene Völker, die noch die Zeichen in der Natur und am Firmament zu deuten wussten, waren der QUELLE näher als jene, die nur noch wiegen, messen oder sezieren gelernt haben.

Wenn ich vorhin mahnend sprach und auf die vielen Gefahren seitens der Schattenkräfte hinwies, dann sollst du nicht glauben, ich sähe das Schicksal der Menschheit mit den Augen des Zweifels und der Sorgen. Ganz im Gegenteil!

Meine Aufgabe mit dir – und viele meiner Brüder und Schwestern sind in ähnlicher Mission unterwegs – ist ein Zeichen, dass wir voller Hoffnung sind, auf Erden schon in naher Zukunft eine tiefgreifende Veränderung zu erleben. Es gibt noch immer einen starken Einfluss der Dunkelheit, doch noch nie in der Geschichte dieser Menschheit strahlte auch so viel Licht aus der Erde empor in die höheren Sphären. Wir blicken mit großer Zuversicht auf die Entwicklungen der kommenden Zeit.

Ich bitte dich sehr, diese Hoffnung in allem auszudrücken, was du in den nächsten Jahren in deiner spirituellen Arbeit unternimmst. Die Hoffnung schwingt wie diese Regenbogenbrücke zu uns empor, und ein wundervoller Segensstrom ergießt sich darüber in die Herzen vieler. Solange die Hoffnung aufrechterhalten wird, kann die Hilfe gewährt werden. Und sei unbesorgt: Hilfe, große Hilfe ist ganz nahe!«

Über das Glück

Es war einer jener Tage, an dem Postkartenfotos geschossen werden, bei denen der Käufer hinterher vermutet, sie wären sicher retuschiert worden. Es war einer jener Tage, an dem man jedes romantische Klischee ohne zu zögern verwendete: Der stahlblaue Himmel, die gleißende goldene Sonne, die schneebedeckten glitzernden Berge und die von Blumen übersäten Almwiesen. Es war jene kristallklare Bergschönheit, die fast schmerzt beim Betrachten.

Als ich an der Mittelberg-Hütte ankam, saß Elision auf der kleinen Bank in der Wiese. Sie trug wieder das schlichte weiße Gewand wie am ersten Tag.

»Komm, wir wollen ein kleines Stück bergauf gehen. Es gibt dort einen alten Kraftplatz, den ich dir zeigen möchte.«

Wir stiegen etwa fünfzehn Minuten den steilen Schotterweg hinauf, bis Elision nach links abbog. Wir gingen noch ein kleines Stück, bis sie auf einen großen Findling wies, der seit ewigen Zeiten dort in der Wiese ruhen musste. Inzwischen hatte sogar ein kleines Fichtenbäumchen seine Wohnstatt auf ihm eingerichtet.

»Ich möchte mit dir über das Glück sprechen. Nicht über jenes Glück, das ich heute empfinde, wenn ich mit dir an diesem wunderschönen Tag hier sitzen und über das LEBEN sprechen darf. Ich möchte versuchen zu beschreiben, was Glück ist – aus den Augen der Menschen betrachtet. Für viele bedeutet Glück einfach nur, reich und gesund zu sein. Wahres Glück jedoch stellt sich ganz anders dar.

Glück ist, die vielfältigen Gesetze des Lebens zu verstehen.

Glück ist, an einem Fluss zu sitzen und sein ruhiges Dahinströmen zu beobachten.

Glück ist, an einem Gebirgsbach auszuruhen und dem Lied der Quellgeister zu lauschen.

Glück ist, einen alten Baum zu berühren und dabei seine Kraft aufnehmen zu dürfen.

Glück ist, den Duft einer Rose einzuatmen, deren Blütenblätter noch vom Morgentau glitzern.

Glück ist, der Stille zuzuhören.

Glück ist, nichts zu erwarten.

Glück ist, sich auf ein schönes Ereignis zu freuen, von dem man erwarten darf, dass es eintritt; bei dem man aber nicht unglücklich ist, falls dies nicht der Fall sein sollte.

Glück ist, den ersten Schrei eines Neugeborenen zu hören und zu wissen, dass man dieses Wesen für eine Weile auf seinem Weg in die Welt begleiten darf.

Glück ist, Menschen an seiner Seite zu haben, von denen man verstanden wird.

Glück ist, einem Menschen Trost zu bringen, der eine schwere Wegstrecke zurücklegen muss.

Glück ist, spontan lachen zu können.

Glück ist, einem anderen verzeihen zu können.

Glück ist, eine Pflanze in die Erde zu setzen.

Glück ist, den Wind an einem warmen Tag auf der nackten Haut zu spüren.

Glück ist, ins Meer eintauchen zu können und die Frische des Wassers am ganzen Körper zu empfinden.

Glück ist, eine Hand in Liebe halten zu können und den Gegendruck der anderen Hand wahrzunehmen.

Glück ist, die Lippen eines geliebten Menschen auf den eigenen zu schmecken.

Glück ist, mit einem geliebten Menschen zu verschmelzen und ihn so erst wahrhaft als Du zu erleben.

Glück ist, liebevoll zubereitete Nahrung zu sich nehmen zu dürfen.

Glück ist, den aufsteigenden Duft aus einem gefüllten Weinglas zu riechen und dann das Geheimnis der Trauben mit der Zunge zu erkunden.

Glück ist, eine Katze zu kraulen und ihr Schnurren zu hören, während die Finger durch das Feld streicheln.

Glück ist, bei der Heimkehr von einem Hund mit freudig wedelndem Schwanz begrüßt zu werden.

Glück ist, allein durch den Nebel zu wandern.

Glück ist, an einem kalten Wintertag vor einem knisternden Kaminfeuer zu sitzen.

Glück ist, wach zu sein.

Glück ist, frei zu sein.

Glück ist, lieben zu können.

Das größte Glück jedoch ist, überhaupt die Fähigkeit zu haben, glücklich zu sein. Vielen Menschen begegnet das Glück, aber sie sind nicht in der Lage, es zu erkennen. Andere wiederum suchen es an Orten, wo es sich niemals aufhalten wird.

Das Glück liegt in den einfachen Dingen!«

Über das Erwachen

»Es gibt zwei Lebenssituationen, in denen auf Erden vom Erwachen gesprochen wird. Die eine bezieht sich auf das Aufwachen aus dem Schlaf der Nacht, die andere auf das Erwachen aus dem Schlaf der Unwissenheit.

Was unterscheidet einen erwachten Menschen von einem unerwachten?

Der Erwachte wird nicht länger sein Streben auf den Erwerb vergänglicher Güter richten.

Der Erwachte wird seinen eigenen Pfad beschreiten und nicht den Fußstapfen anderer folgen.

Der Erwachte wird zuerst an seinem Charakter arbeiten, bevor er auf dem Pfad weiterschreitet.

Der Erwachte kann Wissen und Weisheit von Unwissenheit und Verblendung unterscheiden.

Der Erwachte weiß, wann sich ihm ein Lichtwesen nähert und wann eines aus den Schattenreichen.

Der Erwachte findet Zeit für die Stille in seinem täglichen Leben.

Der Erwachte wird nur wenige Worte benötigen, um einen Sachverhalt oder geistige Zusammenhänge zu erklären.

Der Erwachte vertreibt die Dunkelheit, wenn er einen Raum betritt, in dem noch die Schatten wohnen.

Der Erwachte wird zur rechten Zeit am rechten Ort sein, um Hilfe zu bringen und Trost zu spenden.

Der Erwachte wird mit wohlklingender Stimme sprechen.

Der Erwachte wird umringt sein von Kindern.

Der Erwachte wird von keinem Tier angegriffen.

Der Erwachte wird eine Botschaft verkünden, die seinen Zuhörern ihre uneingeschränkte Freiheit belässt.

Der Erwachte wird die an ihn gerichteten Fragen beantworten, bevor sie ihm gestellt werden.

Der Erwachte wird eine Nachricht hinterlassen, die Hilfe bringt, aber verfasst wurde, bevor Hilfe nötig war.

Der Erwachte wird ein Diener sein.

Der Erwachte wird die Einfachheit lieben.

Der Erwachte wird neben einem Suchenden gehen, und dieser wird Antworten auf Fragen erhalten, von denen er zuvor nicht wusste, dass er sie überhaupt stellen wollte.

Der Erwachte wird keine Anhänger haben, und er benötigt keine Verehrung.

Der Erwachte schließt die Welt nicht aus seinem Leben aus.

Der Erwachte verurteilt keinen Menschen.

Der Erwachte liebt alte und junge Seelen mit der gleichen Zuwendung.

Der Erwachte beugt sein Knie nicht vor weltlicher Macht, erkennt sie aber an, wo sie Ordnung verkörpert.

Der Erwachte weiß, dass alles Wissen nur Stückwerk und Wahrheit allein an der QUELLE zu finden ist.

Der Erwachte ist voller Dankbarkeit.

Der Erwachte ist demütig, denn er weiß um seine eigene Begrenztheit.

Der Erwachte hat die Trennung zwischen Diesseits und Jenseits überwunden.

Der Erwachte kennt keine Traurigkeit, denn ein trauriger Mensch kann die Welt nicht verändern.

Der Erwachte lacht gerne.

Der Erwachte hat heilende Hände.

Der Erwachte hat den Stolz überwunden.

Der Erwachte erblickt das LEBEN in allem Geschaffenen – in dieser und in anderen Welten.

Der Erwachte wirkt im Einklang mit seinen Lichtgeschwistern.

Der Erwachte erkennt, wenn der Schüler bereit ist, um am GROSSEN PLAN mitzuarbeiten.

Der Erwachte bedarf keines Erwachteren, um ihm sein Erwachen zu bestätigen.

Der Erwachte kann sich in das Gewand des Unwissenden hüllen, um eine bestimmte Aufgabe unerkannt von der Welt zu erfüllen.

Der Erwachte kann dein Nachbar sein, doch du wirst es nicht wissen.

Nur ein Erwachter kann einen Erwachten erkennen.

Der Erwachte ist ein Mensch aus Fleisch und Blut – aber nicht nur.

Der Erwachte könnte die Erde jederzeit verlassen, aber er bleibt aus freier Wahl, um jenen zu helfen, die sich nach dem Erwachen sehnen.«

Über die Liebe

Beim Anhören von Elisions Worten über das »Erwachen« war mir bewusst geworden, dass sie in gewisser Weise über sich selbst gesprochen hatte, wenngleich sie nicht mehr ein »Mensch aus Fleisch und Blut« war, wie ich selber erfahren durfte. Aber sie war einst auch diesen Weg des Erwachens gegangen, um heute ihren Erdengeschwistern auf dem Pfad weiterzuhelfen.

»Die Form ist unwichtig. Du kannst dem PLAN in diesem Körper dienen oder ohne eine materielle Hülle. Alle erwachten Seelen wirken im Einklang miteinander, durch ein ewiges Band der LIEBE verbunden.
Dieses LIEBE ist es auch, die mich zu dir geführt hat. Wir waren vor langer Zeit schon einmal in Liebe verbunden, und dieses Band ist unzertrennlich.

Die LIEBE so unendlich tiefer, schöner, geheimnisvoller und mächtiger, als du es auch nur im Entferntesten erahnen kannst.

Die Liebe ist der Ursprung allen Seins. Wir sind alle aus dieser QUELLE der LIEBE herausgeflossen und bleiben ihr unauflöslich verbunden. Weltentage und Weltennächte mögen dahinziehen – unsere Verbindung zur QUELLE bleibt davon unberührt. Dieses unauflösliche Band ist es, was dafür sorgt, dass kein Funken der Schöpfung je verlorengehen kann. Alles wird einmal wieder vom Schatten ins LICHT zurückkehren.

Die Liebe, die ihr hier auf Erden empfindet, ist ein Abglanz jener Kraft, die alles ins Dasein rief. Wenn ihr also den Weg zurück finden wollt, dann wird dies nur über die Liebe möglich sein.

Die Liebe ist ein ergründliches Mysterium, in deiner Welt wie auch in meinen Sphären. Wir können sie erfahren, aber wir können sie nicht erklären. Liebe ist das Einzige in deiner Welt wie auch in meiner, was wir nicht wollen können. Auch wenn du dir die größte Mühe gibst, es liegt nicht in deinem Vermögen, lieben zu wollen.

Die Liebe kommt zu dir als Geschenk. Du hast nicht einmal darum gebeten. Plötzlich tritt sie in dein Leben. Du weißt nicht, woher sie gekommen ist noch wohin sie geht. Du kannst sie willkommen heißen, du kannst mit ihr leben und glücklich sein – doch du kannst sie nicht festhalten. Und dennoch bleibt sie immer bei dir. Du magst eine Seele während vieler Jahrhunderte oder gar Jahrtausende nicht mehr getroffen haben, doch wenn LIEBE euch verbunden hat, kehrt die Liebe mit ein, wenn die verwandte Seele wieder Einkehr bei dir nimmt.

Liebe ist Gnade. Oder sollte ich sagen: Gnade ist Liebe? Auch ich kann es dir nicht erklären, obwohl ich es erlebt und erfahren habe. Liebe ist das einzige Geheimnis, das auf Ewigkeit in der QUELLE beschlossen bleibt. Liebe entspringt dem ANFANG – und den ANFANG wird nichts je berühren, was geschaffen ist.

Wenn du einmal vom Geheimnis, vom Geschenk, von der Gnade der Liebe berührt wurdest, wirst du niemals wieder derselbe sein, der du davor warst.

Wie solltest du diese Liebe jemals begrenzen können? Glaubst du, wer wahrhaft in der Liebe lebt, könnte noch sagen: Ich liebe diesen oder diese, jenen oder jene aber nicht. LIEBE ist unteilbar! Du magst sie auf Erden in Bahnen lenken, weil die Menschenform begrenzt ist und das menschliche Leben der Zeit unterliegt; aber die LIEBE bleibt davon völlig unberührt. Wer von einem wahrhaft Liebenden fordert, er solle doch nur ihn allein lieben, hat noch nichts von der LIEBE verstanden. Er spricht von Emotionen, von seinem Ego – aber nicht von der LIEBE.

Die LIEBE unterscheidet nicht mehr, weil sie nicht unterscheiden kann. Unterscheiden kann man wollen, lieben nicht.

Es mag für einen Erdenmenschen eine Herausforderung sein, diese unbegrenzte LIEBE in einer begrenzten Welt zu leben – aber dies ist letztlich seine Aufgabe. Nur indem die Menschen in der Begrenzung das Grenzenlose verwirklichen, beginnen sie zu erwachen. Die LIEBE ist die entscheidende Kraft, um das Erwachen herbeizuführen. Nur die LIEBE verwandelt. Alles andere sind Tricks und Spielereien. Niemand ist jemals zum Erwachen gelangt, ohne ein wahrhaft Liebender geworden zu sein.

Nun magst du mich fragen: Wo kann ich die Liebe erlernen? Wo kann ich die Liebe finden? Was kann ich tun, um mich für die Liebe reif zu machen?

Ich kann keine dieser Fragen beantworten. Alles, was ich dich in den vergangenen Tagen gelehrt habe, mag sich als hilfreich erweisen – oder auch nicht. Es mag jemand von der LIEBE verwandelt werden, der keines deiner Bücher gelesen und nicht eine einzige der spirituellen Lehren jemals vernommen hat, welche die uralte Weisheit seit Jahrtausenden verkündet. Die LIEBE kommt wie ein Blitz in der Dunkelheit. Wen sie trifft, der weiß es. Ein Liebender wird einen Liebenden von Herz zu Herz berühren. Alle anderen werden verwundert sein.

Liebe macht völlig wehrlos, denn man wird von ihr überwältigt. LIEBE bedeutet, sich dem Geliebten völlig auszuliefern, und zwar ohne jede Möglichkeit, sich zu verteidigen. Es gibt keine vollkommenere Form der Hingabe.

LIEBE kann auch nicht unterteilt werden in weltliche oder geistige. LIEBE *ist*. In wahrer Liebe nimmst du den anderen völlig in dich auf. Du schaust nicht mehr auf Form, Geruch, Alter oder irgendetwas Vergängliches. Du liebst!

Die Berührung in der Liebe, das Verschmelzen in der Liebe verwandelt den Liebenden wie auch den Geliebten. Es mag sogar geschehen, dass die LIEBE so machtvoll ist, dass sie einen Menschen befreit, der selbst noch kein wahrhaft Liebender ist. So wie die GNADE scheinbar ohne Grund erweckt und verwandelt.

Besäße ich auch alle Weisheit aller Reiche und Sphären, so vermöchte ich dir doch das Mysterium der Liebe in all seiner Fülle nicht zu entschlüsseln. Wenn ich einen Funken der LIEBE in dir entzünden durfte, so will ich in Dankbarkeit für diese Gabe niederknien vor dem ALTAR der LIEBE.

Möge dieser LIEBESFUNKEN in dir weiterwirken und durch dich an jene weitergereicht werden, die so sehnsuchtsvoll darauf warten. Bis eines nicht mehr fernen Tages das LIEBESLICHT alles Leben auf Erden verwandeln wird.«

Wie es endete

Elision saß noch lange mit mir zusammen in der Wiese vor dem Findling. Sie hielt meine Hände – und ihre Augen schienen in ferne Welten zu blicken. In vergangene und zukünftige. Irgendwann stiegen wir dann zusammen den Schotterweg hinab zur kleinen Hütte auf dem Mittelberg.

Sie berührte zum Abschied meine Stirn, als schweigender Segen zum Abschluss unserer gemeinsamen Zeit. Ich ging langsam zwischen den Blumen zum Pfad zurück, bemüht, keines der zierlichen Geschöpfe zu verletzen.

Auf dem Wanderweg nach Mürren angekommen, drehte ich mich zu ihr um und winkte. Sie winkte zurück. Ich stieg durch das feuchte Gras und beschritt dann den von kleinen Wasserläufen durchfurchten Weg zum Waldrand. Als ich mich, dort angekommen, noch einmal zur Hütte umwandte – war die weiße Gestalt verschwunden. Und ich wusste, sie würde nicht zurückkehren.

In den folgenden Tagen schrieb ich alles, was mich Elision gelehrt hatte, sorgfältig auf. Zur Hütte auf dem Mittelberg bin ich nie mehr zurückgekehrt.

Meine geplanten Bücher habe ich nicht mehr fertiggestellt. Sie erschienen mir zu unvollkommen im Angesicht dessen, was ich von Elision gelernt hatte.

Manchmal nehme ich das Buch zur Hand, in dem ich alles aufgeschrieben habe, und stets überkommt mich dann das Gefühl, wieder jenen wundervollen Duft wahrzunehmen, der von Elision ausstrahlte, als sie neben mir auf der Bank vor der Hütte saß.
Aber vielleicht bilde ich mir das auch nur ein. – – –

Perlen der Weisheit

Licht auf den Pfad

Mabel Collins
ISBN 978-3-89427-206-7
Hardcover, 186 Seiten

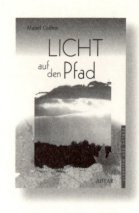

Licht auf den Pfad zählt mit zum Wertvollsten, was das spirituelle Schrifttum der letzten einhundertfünfzig Jahre hervorgebracht hat. Seine Entstehung verdankt es einem jener großen „Meister", die hinter dem Schleier der Zeit über der Entwicklung der Menschheit wachen. Eines der ganz besonderen Juwele der esoterischen Tradition, das unverkennbar von der Inspiration der „Meister der Weisheit" geprägt ist!

Der Junge
mit den lichten Augen
Aus dem Tagebuch eines hellsichtigen Jungen
Cyril Scott
ISBN 978-3-89427-590-7
Hardcover

Ein kleiner Tagebuchschreiber, von Geburt an hellsichtig, erkennt nicht, dass seine Fähigkeiten eine besondere Gabe darstellen. Er wundert sich, wenn seine kleine Schwester nicht die „Lichter" (Aura) um andere Menschen sieht. Es ist ihm unbegreiflich, warum er bestraft wird, wenn er von seinen Spielkameraden, den Elfen und Zwergen, berichtet. Dieses Buch ist erfüllt von herzerfrischender Menschlichkeit, übersprudelnder Situationskomik und tiefer Weisheit. Sie werden es lieben, darüber lachen, aus ihm lernen – und es immer wieder zur Hand nehmen, denn so werden die Kinder der Zukunft sein!

Die drei Lichter
der kleinen Veronika
Manfred Kyber
illustriert von Sulamith Wülfing
ISBN 978-3-89427-233-3
Hardcover, 190 Seiten

Kaum ein anderer deutschsprachiger Autor hat in so einfühlsamer Weise geistiges Wissen in den poetischen Zauber einer anrührenden Erzählung gekleidet wie Manfred Kyber. Seine Gestalten erwachen bei der Lektüre auf wundersame Art und Weise zum Leben und werden zu täglichen Begleitern. Sie gleichen unsterblichen Archetypen, die beim Lesen unmerklich das Herz berühren und so ganz allmählich eine innere Verwandlung herbeiführen. Am Ende bleibt die Gewissheit, dass die großen Geheimnisse der Welt nur so eine Antwort finden, wie Kyber es die kleine Veronika herausfinden lässt. Sulamith Wülfings Bilder untermalen die Geschichte in ihrer unnachahmlichen Tiefe und ergänzen die inneren Bilder durch äußere Schönheit.